Supplement

Carl-Hans Graf von Hardenberg
1891 – 1958

Ein preußischer Konservativer in Deutschland

Namensregister

mit ausführlichen Erläuterungen

EDITION HENTRICH

Dr. Aegidi; Landrat a. D.; Provinzialverwaltung Potsdam; *190*
Otto von Albedyll-Klessin, 1887–1957; Gutsbesitzer; *142, 143*
Julius Alter, 1883–1961; Schriftstellername des konservativen Publizisten und Politikers Franz Sontag; *193–194, 198–199*
Werner Graf von Alvensleben, 1875–1947; Mitarbeiter *Schleichers,* Mittelsmann zwischen den Konservativen und Hitler; 1934 verhaftet, später KZ Buchenwald; *71*
Ernst Moritz Arndt, 1769–1860; aus Vorpommern stammend, das seit dem 30jährigen Krieg nach dem Willen der Stände zu Schweden gehörte, vertrat er anfänglich ein pommersch-schwedisches Nationalgefühl; 1791 Universität Greifswald, 1793 Universität Jena; beeinflußt durch Herders »Ideen zur Philosophie und Geschichte der Menschheit« und Justus Mösers »Osnabrükkische Geschichte«, liegen hier die Wurzeln für seinen »Versuch einer Geschichte der Leibeigenschaft in Pommern und Rügen«, 1803 von vielen Großgrundbesitzern für revolutionär gehalten, eine Kampfschrift, die sicherlich ihren Teil dazu beitrug, daß 1804 in Schwedisch-Pommern die Leibeigenschaft aufgehoben und die Patrimonialgerichte durch Königliche Kreisgerichte ersetzt wurden; 1806 Professor in Greifswald, im Frühjahr 1806 erschien sein »Geist der Zeit«, eine Absage an die von Napoleon verratene Revolution; im November 1806 flüchtete Arndt nach Schweden, Pommern wurde von den Franzosen besetzt; in Stockholm erschien mit Unterstützung des Königs der zweite Teil vom »Geist der Zeit«, der *Freiherrn vom Stein* sehr beeindruckte; nach der Märzrevolution gegen den König verlor Arndt seine Hoffnung, daß Schweden Deutschland retten würde; trotz seiner starken Abneigung gegen Preußen, das Land des Korporalstocks, erkannte er, daß Deutschlands Einheit nur über Preußen zu erreichen war; »ich bin kein Preuße von Geburt noch Heimat, sondern ein Preuße von Meinung und Liebe«, in seinen Gedichten spricht er kaum je von Preußen, meist nur von deutschen Männern, deutschem Land, deutschen Eichen; Ende Januar 1812 flüchtete er aus dem wieder schwedischen Vorpommern und ging über Preußen zu *Stein* nach Petersburg. Arndt trat als eine Art Polit-Offizier in die »Deutsche Legion« ein, wurde zum eigentlichen Propagandisten der deutschen Einheit: »Das ganze Deutschland soll es sein«, »soweit die deutsche Zunge klingt«; dieses Ziel von *Stein* und Arndt hat *Metternich* zunichte gemacht, indem er die *Stein*sche Deutsche Zentralverwaltung als jakobinisch verseucht verleumdete; im Sommer 1814 wurde sie aufgelöst; die Fürsten, die sich noch vor kurzem mit *Napoleon* arrangiert hatten, kehrten zu ihrem Gottesgnadentum zurück in einem Deutschen Bund, den die Heilige Allianz überwachte; Vorpommern wurde 1815 preußisch; 1818 wurde Arndt Professor an der neugegründeten Universität Bonn; Arndts »Geist der Zeit IV« war im August 1818 herausgekommen, einen Monat nach seiner offiziellen Ernennung, und hatte in Berlin so starkes Mißfallen erregt, daß der König sogar die Eröffnung der Universität hatte absagen wollen; im Oktober 1817 hatte die Deutsche Burschenschaft ihr Wartburgfest gefeiert, im März 1819 war Kotzebue als Vertreter der Heiligen Allianz ermordet worden, woraufhin *Metternich* im Juli 1819 in Karlsbad einen Bundesbeschluß zur Auflösung der Burschenschaft, strengen Zensur und Beaufsichtigung der Universitäten erreichte; im Juli 1819 erschien die Polizei bei Arndt und beschlagnahmte alle seine Papiere; die Untersuchungen der Mainzer Zentraluntersuchungskommission, mit inquisitorischer Härte geführt, ergaben nichts Belastendes, aber Arndt blieb suspendiert, seine Schriften blieben beschlagnahmt; erst 1840 mit dem Regierungsantritt von *Friedrich Wilhelm IV.* wurde er rehabilitiert und zum Rektor der Universität gewählt; 1848 war er Alterspräsident des Paulskirchen-Parlaments, nach der Weigerung *Friedrich Wilhelms IV.* die Krone aus der Hand des Volkes anzunehmen, legte er wie viele andere sein Mandat nieder; erst mit 85 hat er sich 1854 emeritieren lassen; er hatte langanhaltenden Einfluß in Deutschland, auch im Negativen: Arndts zeitgebundene antifranzösische, antipolnische, antidänische Urteile wurden ebenso wie sein Antisemitismus bis 1945 immer wieder neu aufgelegt; *19*
Achim von Arnim, (Karl Ludwig Friedrich Joachim von Arnim), 1781–1831; aus altem brandenburgischem Adel; Freundschaft mit *Clemens Brentano,* dessen Schwester Bettina er 1811 heiratete; einer der bedeutendsten Vertreter der Hochromantik; mit *Brentano* gemeinsam die Herausgabe der Volksliedsammlung »Des Knaben Wunderhorn«; Arnim nahm auch zum gesellschaftlich-politischen Geschehen Stellung; noch 1806 strebte er in einem programmatischen Aufsatz eine harmonische Verbindung der Errungenschaften der Französischen Revolution mit dem bewährten Alten an; nach Preußens Kriegseintritt gegen *Napoleon* entstehen jedoch noch im gleichen Jahr seine »Vaterländischen Gedichte«, die er selber an die preußischen Truppen verteilte; 1810 dokumentiert sich seine konservative Wendung im Roman – nicht mehr die freie Liebe, sondern die Ehe als verpflichtendes Ordnungsprinzip; nach seiner Rückkehr nach Berlin 1811 Gründung der antisemitischen »Christlich-Teutschen Tischgesellschaft«; das war ein privater Männerzirkel, »Sammelpunkt der intellektuellen Gegner der Hardenbergschen Reformen von rechts«, vor allem des als unerträglich empfundenen geplanten Judenedikts; andererseits waren die meisten von ihnen aber auch Gäste der Berliner Salons gewesen, blieben es auch weiterhin; die Statuten dieser unpolitischen literarischen Vereinigung enthielten einen Arierparagraphen: »kein Jude, kein getaufter Jude, auch kein Nachkomme eines getauften Juden könne Mitglied werden«, schrieb Saul Ascher; ein Erfolg der von *Fichte* begründeten antisemitischen Anthropologie; »der allmählich versterbende G l a u b e n s hass mittelalterlicher Tradition wich funkelnagelneuem R a s s e n hass romantischer Faktur« beschrieb Josef Körner schon 1831 im Prager Jüdischen Almanach den romantischen Antisemitismus; dabei kannte er gar nicht deren schlimmsten Höhepunkt, die von Arnim bei der Tischgesellschaft gehaltene Rede »Über die Kennzeichen des Judenthums«; Arnim benutzte seine dichterische Sprache und Fantasie, um blutrünstig und zotig-vulgär über die Juden herzufallen; um deren Charakter herauszufinden, müsse man sie zerstoßen, im Feuersteinmörsel zerreiben, mit Ätzlauge im Platintiegel erwärmen, allmählich, bis zum Durchglühen; Juden bestünden zur Hälfte aus böser Lust, und so fort; diese Rede war in die Berliner Öffentlichkeit gedrungen; Moritz Jonathan Itzig, der junge Neffe des Bankiers Daniel Itzig, dem als erstem das Bürgerrecht verliehen worden war, wollte Arnim daraufhin zum Duell fordern; Arnim diskutierte bei der Tischgesell-

schaft die Frage, ob er als landsässiger Edelmann sich mit dem Juden überhaupt duellieren könne; das wurde abgelehnt; die Meinung faßte der Hauptmann von Bardeleben zusammen, einen solch lausigen Judenjungen könne man nicht verächtlich genug behandeln, um demselben seine ganze Jämmerlichkeit anschaulich zu machen; (Moritz Jonathan Itzig wurde 1813 in der Schlacht bei Lützen so schwer verwundet, daß er am 13. Mai 1813 in Leipzig starb, während Arnim in Berlin auf Kriegsnachrichten wartete); in einem wohl gleichfalls 1811 entstandenen, aber später nicht veröffentlichten Erzählzyklus hatte Arnim ein »Gespräch über die Einbürgerung der Juden« eingefügt mit einer Anweisung an den Setzer, diese ganzen Seiten abgesondert zu drukken, in der Hoffnung, Staatsmänner würden dann seine Argumente gegen Hardenbergs Absichten lesen; erst 1820, mit genügend Abstand zur Restaurationsideologie, vermochte er, dem Judenthum in seiner Erzählung »Die Majoratsherren« dichterisch gerechter zu werden; *19*

Elisabeth von Arnim, 1880–1962; Tochter von Marie Gayl und Arno von Arnim, königlich-sächsischem Kammerherrn und Fideikommißherrn auf Otterwisch; verheiratet mit *Ernst Graf von Hardenberg;* Mutter von *Irmgard Gräfin von Hardenberg; 164*

Emily-Henriette von Arnim, (Milly), 1892-1971; verheiratet mit *Rudolf von Oppen; 97–99*

Grafen von Arnim; Casino-Mitglieder; *86*

Dietlof Graf von Arnim-Boitzenburg, 1867–1933; Großgrundbesitzer; Schwiegervater von Hardenbergs Tochter Gisela; *48, 61, 63, 64, FN 72 (Kap. 4)*

Alexandra Gräfin von Arnim-Boitzenburg, 1868–1943; geb. *Gräfin zu Eulenburg,* Schwester von *Siegfried Graf zu Eulenburg-Wicken,* Hardenbergs Regimentskommandeur in der kaiserlichen Armee; verheiratet mit *Dietlof Graf von Arnim;* Schwiegermutter von Hardenbergs Tochter *Gisela; FN 72 (Kap. 4)*

Wolf Werner Graf von Arnim-Arnimshain, geb. 1906; jüngerer Sohn von *Dietlof* und *Alexandra Graf und Gräfin von Arnim-Boitzenburg;* verheiratet mit Hardenbergs Tochter Gisela; Johanniter; *94–96, 207*

Gisela Gräfin von Arnim-Arnimshain, geb. 1917; geb. *Gräfin von Hardenberg-Neuhardenberg,* älteste Tochter Hardenbergs, verheiratet mit *Wolf Werner Graf von Arnim Arnimshain; 94–96*

Askanier:

Albrecht I., d. i. **Albrecht der Bär,** geb. um 1100–1170; Markgraf von Brandenburg; bemächtigte sich 1124 der Niederlausitz, die er aber 1131 wieder verlor; nahm am 1. Italienfeldzug 1132/33 teil; wurde 1134 mit der Nordmark (Altmark) belehnt, die er mit niederrheinischen, sächsischen und friesischen Siedlern kolonisierte; im Kampf um das Herzogtum Sachsen (1138) konnte er sich gegen Heinrich den Löwen nicht durchsetzen, nach nur vierjährigem Besitz mußte er 1142 seine Ansprüche verloren geben; zum Ausgleich erhielt er vom Kaiser die Reichsfürstenwürde; 1147 Unterwerfung der Wenden; seit 1157 bezeichnen sich die Askanier als Markgrafen von Brandenburg; durch Eroberung, Christianisierung und kirchliche Erschließung sowie durch Besiedlung Wegbereiter der Ostkolonisation; *87*

Auger de Balben; um 1160 Hochmeister der Johanniter; *87*

Erich von dem Bach-Zelewski, 1899–1972; im ersten Weltkrieg Berufssoldat, danach Freikorpskämpfer; bis 1924 Reichswehroffizier; 1930 NSDAP, 1931 SS; 1932–1944 Reichstagsabgeordneter; bis 1934 SS-Abschnitt XII in Frankfurt/Oder, ab Februar 1934 SS-Oberabschnitt Nordost in Königsberg, ab Februar 1936 SS-Oberabschnitt Südost in Breslau; ab 22. Juni 1941 der Höhere SS- und Polizeiführer Rußland Mitte; November 1941 General, SS-Obergruppenführer; ein Jahr später Bevollmächtigter des Reichsführers SS für die Bandenbekämpfung; ab 21. Juni 1943 Chef der Bandenkampfverbände, d. h. Leiter der als Kampf gegen Partisanen getarnten Ausrottung der Zivilbevölkerung als potentiellem Gegner der deutschen Besatzung; persönlich verantwortlich für zahlreiche Massenmorde und andere Grausamkeiten, an denen er sich auch selbst beteiligte, so unter anderem in Minsk und Mogilev; 1944 Niederschlagung des Warschauer Aufstandes; 1944/45 Stabschef des Befehlshabers des Ersatzheeres; bei Kriegsende kommandierender General eines Armeekorps; dekoriert mit dem Ritterkreuz; im Nürnberger Hauptkriegsverbrecherprozeß Kronzeuge der Anklage; deswegen nicht an die Sowjetunion ausgeliefert; im Mai 1951 von einer Münchener Entnazifizierungs-Spruchkammer zu 10 Jahren Arbeitslager verurteilt, die Berufungskammer rechnete ihm 5 Jahre Untersuchungshaft an, was in Praxis Hausarrest in seinem eigenen Heim in Franken bedeutete; im Dezember 1958 verhaftet wegen seiner Beteiligung an den blutigen Säuberungen nach dem sogenannten Röhmputsch, Urteil 1961 4 Jahre und 10 Monate Haft; 1962 Anklage in Nürnberg wegen Ermordung dreier Kommunisten 1933, Urteil lebenslänglich Zuchthaus; einziger NS-Massenmörder, der öffentlich bekannte, was er während des Krieges getan hatte, ohne je wegen seiner Beteiligung an der Ermordung unzähliger Juden vor Gericht gestellt zu werden; auch in den beiden Urteilen wurden seine Untaten im Kriege nicht erwähnt; am 8. März 1972 in einem Münchener Krankenhaus gestorben; *106–107*

Herbert Backe, 1896 – 6. 4. 1947, Selbstmord durch Erhängen im Nürnberger Kriegsverbrechergefängnis; als Sohn deutscher Auswanderer in Batumi am Schwarzen Meer geboren; während des 1. Weltkrieges im Russischen Reich interniert; 1920 Werkstudent in Göttingen; 1923 Diplom-Landwirt; 1923 Kontakte zur NSDAP; 1924–1927 Assistent an der TH Hannover; 1926 Mitglied der NSDAP, der SA; 1928 Domänenpächter in Hornsen; 1931 NS-Bauernführer in seinem Bezirk; 1932 NSDAP-Abgeordneter im preußischen Landtag; 1933 Mitglied der SS, Staatssekretär im Reichsministerium für Ernährung und Landwirtschaft, Chef des Reichsamtes für das Landvolk; Juni 1935 Chef des Siedlungsamtes im Rasse- und Siedlungshauptamt der SS; im Mai 1942 mit der Führung des Ministeriums beauftragt, Ende 1943 zum Reichsminister ernannt; April 1944 Reichsernährungsminister; als solcher auch Mitglied der Regierung unter *Dönitz;* SS-Obergruppenführer; *74, 75, 173, FN 3, 4 (Kap. 4)*

Grafen von Ballestrem; Adelsfamilie aus dem Piemont; in der ersten Hälfte des 18. Jahrhunderts in Schlesien eingewandert; die *Ballestrems* waren u. a. Grubenbesitzer; daraus entwickelte sich ein großer Konzern, der sich nicht nur auf den Montanbereich erstreckt; *138*

Karl Balzer; »Der 20. Juli und der Landesverrat. Eine Dokumentation über Verhandlungen im Deutschen Widerstand«, Göttingen 1967; *FN*

ber der Heeresgruppe Süd; da Bock gegen die Aufgabe, gleichzeitig nach Osten gegen Stalingrad und nach Südosten zum Kaukasus vorzustoßen, protestierte, wurde er mit Angriffsbeginn seines Kommandos enthoben und erhielt keine aktive Verwendung mehr; Eichenlaub zum Ritterkreuz; bei seinem Tode politischer Berater von *Dönitz;* Onkel von *Henning von Tresckow; 99–100, 102–103, 105–111, 113–114, 118–119, 123, 125–127, 130, 139–140, 146, 154, 170–172, 181, 191, FN 14 (Kap. 5), FN 40, 42–44 (Kap. 7)*

Dietrich Bonhoeffer, 1906 – 9. April 1945, im KZ Flossenbürg von der SS ermordet; evangelischer Theologe; Studium in Tübingen, Berlin und New York; 1931 Studentenpfarrer in Berlin; nach der Machtübergabe an *Hitler* setzte sich Bonhoeffer nach England ab, 1935 Pfarrer in London; auf Bitten 1935 Rückkehr nach Deutschland zur Übernahme der Leitung des (illegalen) Predigerseminars der Bekennden Kirche in Zingst, später in Finkenwalde, für die Christentum und NS-Rassenlehre unvereinbar war; deshalb 1936 Entzug der Lehrbefugnis an der Universität Berlin; Bonhoeffer gehörte zu den Zivilisten, die während der Sudetenkrise Hitler hatten absetzen wollen; sein Vater, der Psychiater Karl Bonhoeffer, hatte den verhafteten Hitler untersuchen und für geisteskrank erklären wollen; Dietrich Bonhoeffer hielt seine ständigen Kontakte zu den Kirchen im Ausland aufrecht; im Frühjahr 1939 Besuch in England, Gespräche mit Bischof Bell und Verhandlungen im Auftrage deutscher Widerstandskreise; Reise in die USA, Ablehnung einer ihm dort angebotenen Professur; 1940 wurde sein Seminar zum zweiten Mal geschlossen; 1941 Lehr-, Predigt- und Publikationsverbot; schloß sich dem politischen Widerstand um *Canaris* an; Mai 1942 Besuch Schwedens mit konkreten Friedensvorschlägen von *Beck* und *Oster,* abgelehnt vom britischen Außenministerium; von Bonhoeffer stammt das Wort, Kirche sei Kirche nur dann, wenn sie auch für die da sei, die ihr fernstünden; er verkündete die bedingungslose Verpflichtung den Opfern jedweden Gesellschaftssystems gegenüber, auch wenn diese nicht der christlichen Gemeinde angehörten; Fluchthilfe für Juden; am 5. April 1943 wegen Wehrkraftzersetzung verhaftet; nach dem Mißlingen des Attentats vom 20. Juli am 8. 10. 1944 erst in die Gestapo-Zentrale, am 7. Februar 1945 in das KZ Buchenwald, am 8. April ins KZ Flossenbürg, wo er in der folgenden Nacht zusammen mit Admiral *Canaris* und General *Oster* ermordet wurde; sein älterer Bruder Klaus, geb. 1901, am 2. Februar 1945 vom Volksgerichtshof zum Tode verurteilt, wurde zwei Wochen später erschossen, am 23. April 1944, als die Rote Armee bereits Berlin angriff; *FN 111a (Kap. 6)*

Sankt Bonifatius, eigentlich **Winfried,** 672/3–754; aus Wessex stammend; 719 von Papst Gregor II. mit der Germanenmission beauftragt; genannt Apostel der Deutschen; Tod als Märtyrer in der Friesenmission; *167*

Bonin; brandenburgisches Geschlecht; *65*

von Bonin; Frühling 1914 in Döberitz, Offizier im 1. Bataillon des 1. Garderegiments zu Fuß; *33*

Hans Booms; »Festschrift für Hans Booms«, Boppard o. D.; *FN 70, (Kap. 4)*

Henning Graf Borcke, 1885–1939; Großgrundbesitzer, *Reuschkreis; 78*

Martin Bormann, 1900 – 2. Mai 1945; im Juni 1918 eingezogen, Rekrut bei den Kanonieren in Naumburg, dort bis Kriegsende Bursche bei Oberleutnant *Fromm;* 1920 Inspektor auf dem Gut Herzberg nördlich Parchim, bei Hermann Ernst Wilhelm von Treuenfels, bald dessen Oberaufseher über die Arbeitskräfte, zu denen auch bald 15 Leute aus dem offiziell von der Reichsregierung als staatsgefährdend aufgelösten Freikorps Roßbach gehörten; einer von ihnen war Rudolf Höß, später Kommandant des KZ Auschwitz; aus dem Freikorps, das sich auch am *Kapp*-Putsch beteiligt hatte, wurde eine »Arbeitsgemeinschaft Rossbach«, nach erneutem Verbot dann ein »Verein für landwirtschaftliche Berufsausbildung«; Roßbach tarnte seine Zentrale schließlich als »Deutsche Auskunftei« in Berlin-Wannsee; Hermann von Treuenfels, Oberstleutnant a. D. und führend bei den Rechtsradikalen, oblag die Betreuung der Roßbacher in der Parchimer Gegend, eine Aufgabe, die er seinem Inspektor übertragen hatte; im Juli 1920 wurde Bormann Mitglied im »Verband gegen Überhebung des Judentums«, einem Ableger der Deutschnationalen Volkspartei; im Dezember 1922 wurde die »Deutschvölkische Freiheitspartei« gegründet von Leuten, denen die DNVP nicht radikal und antisemitisch genug war wie Theodor Fritsch (Handbuch der Judenfrage), Arthur Dinter, Schriftsteller (Die Sünde wider das Blut) und später NS-Gauleiter in Thüringen, den Reichstagsabgeordneten Albrecht von Graefe und *Reinhold Wulle,* zu denen Bormann über seinen Dienstherrn einen direkten Draht hatte; die Herzberger Roßbacher begingen Anfang Juni 1923 einen Fememord, bei dem ihnen Bormann geholfen hatte; drei Wochen später flog alles auf; Anfang Juli 1923 zog der Oberreichsanwalt die Sache an sich, und auch Bormann wurde verhaftet; Ende September wurde Bormann als einziger aus der Untersuchungshaft entlassen; vor seiner Hinrichtung in Polen schrieb Höß 1946 im Gefängnis: »Die Wissenden schwiegen sich aus.... Als ich während der Untersuchung merkte, daß der Kamerad, der der eigentliche Täter war, nur durch mich belastet werden konnte, nahm ich die Schuld auf mich, und er kam während der Untersuchung frei.«; am 1. Oktober 1923 putschte Major a.D. *Bruno Ernst Buchrucker* mit seiner Schwarzen Reichswehr in Küstrin, knapp 100 Kilometer östlich Berlin, die Reichswehr schlug den Putsch nieder; am 9. November putschte *Hitler* in München und scheiterte; zufällig endete vier Tage nach Hitlers Verhaftung die Inflation, doch das nahm weiteren Putschisten den Wind aus dem Segel; im März 1924 fand der Prozeß gegen die 13 Angeklagten in Leipzig statt; das Urteil war sehr milde: Höß 10 Jahre, Bormann 1 Jahr Gefängnis; im Februar 1925 wurde er aus dem Gefängnis entlassen; bis Mai 1926 blieb er auf Gut Herzberg; dann Wechsel nach Thüringen und Beitritt zum Sturmbann (Frontbann), offiziell unter Ludendorffs Leitung, der eigentliche Führer war Hauptmann a. D. *Ernst Röhm;* nach einem Streit mit *Hitler* trat *Röhm* zugunsten von *Wolf Heinrich Graf von Helldorf* zurück; *Hitler* wollte den Sturmbann in der SA aufgehen lassen, *Röhms* Ziel war eine Volksmiliz zur Annullierung des Versailler Friedens; am 4. Juli 1926, sechs Wochen nach Bormanns Auftauchen in Thüringen, stand er auf dem 2. Reichsparteitag der NSDAP im Braunhemd direkt neben Hitler, der im offenen Mercedes den Vorbeimarsch abnahm; nach seinen eigenen Angaben trat er erst 8 Monate später, im Februar 1927, in die

NSDAP und erst 10 Monate später in die SA ein; 1927/28 Gaupresseobmann in Thüringen; April – November 1928 Bezirksleiter des Bezirks Jena und Gaugeschäftsführer Thüringen, Parteiredner und ständiger Mitarbeiter des »Nationalsozialist«; im November 1928 vom OSAF (Obersten SA-Führer) Pfeffer von Salomon nach München in seinen Stab geholt; im September 1929 Hochzeit mit der Tochter des NSDAP-Reichstagsabgeordneten Walter Buch, Major a. D., einem Uralt-Parteigenossen, seit 1922 in der Partei, mit Hitler am 9. November 1923 in München; Trauzeugen waren *Hitler* und *Rudolf Hess;* Februar 1930 Aufbau einer partei-eigenen Hilfskasse, als Ersatz für eine Unfallversicherung, mit Zwangsmitgliedschaft für Mitglieder der Partei und aller ihrer Verbände und Gliederungen, dadurch zum Geldbeschaffer geworden für die Partei-Zentrale und für Hitler; im April 1930 Gründung des NSKK (Nationalsozialistisches Kraftfahrkorps) durch Hitler, als Initiator erhielt Bormann nach Hitler die Mitgliedsnummer 2; im August 1930 entließ *Hitler* den OSAF Pfeffer, Bormann wechselte in die oberste Parteiverwaltung; Juli 1933 Stabsleiter im Amt *Heß* (Stellvertreter des Führers in Parteiangelegenheiten); im Auftrage von Heß Verwalter der vierteljährlich eingehenden Millionen der *»Adolf-Hitler*-Spende der Deutschen Wirtschaft«, damit *Hitlers* Vermögensverwalter; beispielsweise wurden die später für *Hitler* gekauften Grundstücke, etwa auf dem Obersalzberg, in Braunau oder in Linz, nicht auf *Hitlers,* sondern auf Bormanns Namen ins Grundbuch eingetragen; im Oktober 1933 von Rudolf Heß, dem »Stellvertreter des Führers«, zum Reichsleiter ernannt; November 1933 Reichstagsabgeordneter; ab 1935 Baubeauftragter für den Obersalzberg, auch dessen Gutsverwalter und Chef des Protokolls; Baubeauftragter für die Parteitagsneubauten; Anfang 1937 SS-Gruppenführer; Anfang 1938 nach dem Einmarsch in Österreich Beseitigung von Zeugen und Akten aus *Hitlers* Wiener Jahren als Kunstmaler im Männerheim oder Hitlers Linzer Verwandtschaft betreffend; zu Beginn des Reichsparteitages September 1938 mit dem Blutorden dekoriert; seit Mai 1939 Schiedsrichter bei Streit zwischen Staats- und Parteifunktionären; seit dem *Heß*-Flug nach England im Mai 1941 Leiter der Parteikanzlei im Ministerrang; stärkstes Mitglied im von Hitler zu seiner Entlastung eingerichteten Dreier-Ausschuß (Lammers für die Regierung, *Keitel* für die Wehrmacht, Bormann für die Partei); ab Januar 1942 Alleinvertreter der Partei im Staatssektor (Beamtenapparat, Gesetze und Verordnungen); 1943 »Sekretär des Führers«, mit dem Recht in jedes Ministerium hineinzuregieren; laut *Göring* hatte Bormann schon seit 1942 den entscheidenden Einfluß, schon allein weil der Zugang zu *Hitler* weitgehend von ihm kontrolliert wurde; im Februar 1944 von *Hitler* mit der Regelung der Mischlingsfragen beauftragt; Chef des Volkssturms, SS-Obergruppenführer; Bormanns Tod bei einem Ausbruchsversuch in den Morgenstunden des 2. Mai 1945 an der Sandkrugbrücke beim Lehrter Bahnhof in Berlin konnte erst 1973 eindeutig nachgewiesen werden; 1946 vom Internationalen Militärgerichtshof in Nürnberg in Abwesenheit zum Tode verurteilt; immer wieder an den verschiedensten Orten auf der Welt, vor allem aber in Lateinamerika, angeblich entdeckt, sicherlich oft eine Verwechslung mit anderen NS-Verbrechern; servilführergläubig, fanatisch antikirchlich, antisemitisch (Auslieferung der Juden an Eichmann, endgültige Beseitigung der Juden aus den Gebieten Großdeutschlands durch Anwendung rücksichtsloser Gewalt in den Sonderlagern des Ostens), antislawisch (Die Slawen haben für uns zu arbeiten. Soweit wir sie nicht brauchen, können sie sterben. Fruchtbarkeit bei Slawen ist nicht erwünscht.) und rassistisch, machte sich Bormann bei *Hitler* unentbehrlich und manövrierte alle seine Konkurrenten aus; bei Kriegsende veranlaßte er *Hitler, Himmler* und *Göring* aller ihrer Ämter zu entheben und aus der Partei auszustoßen; Trauzeuge bei *Hitlers* Trauung mit Eva Braun; unterzeichnete *Hitlers* politisches Testament, das ihn zum Parteiminister bestellte; zum Schluß war Bormann eine Art allmächtiger Generalsekretär, der sämtliche Funktionäre des NS-Regimes, in Partei wie in Staat, kontrollierte; *84, 111, FN 22 (Kap. 4)*

Professor Dr. Carl Bosch, 1874–1940; 1931 Nobel-Preis für Chemie; seit 1925 Vorstandsvorsitzender und eigentlicher Leiter der IG-Farben; 1937 Präsident der Kaiser-Wilhelm-Gesellschaft; Geheimer Kommerzienrat; *Reusch*-Kreis; *78, 79*

Robert Bosch, 1861–1942, Industrieller, Konzernchef; Freund von *Paul Reusch; Reusch*-Kreis; an vielen Unterstützungsaktionen für Verfolgte, besonders Juden und Theologie-Studenten der Bekennenden Kirche, beteiligt; unterstützte auch die »Deutsche Rundschau« Rudolf Pechels; sammelte einen Kreis Gleichgesinnter um sich; nutzte die Auslandskontakte seiner Firma, besonders in Holland und Frankreich, um westeuropäische Staatsmänner vor dem NS-Regime zu warnen, in der Hoffnung, das Ausland werde Hitlers Kriegspläne vereiteln; bot Goerdeler nach dessen Rücktritt in Leipzig 1937 als Auslandskontaktmann für seine Firma Deckung und die Möglichkeit, auf ausgedehnten Reisen für den Widerstand zu wirken; *79*

Hermann von Boyen, 1771–1848; Heeresreformer; 1803 von Scharnhorst als Mitglied in die »Militärische Gesellschaft« berufen; stieß mit seinen Ansätzen einer Demokratisierung enthaltenden Plänen auf heftigsten Widerstand der auf Restauration bedachten altständischen Kreise bei Hof und im Adel; Ende 1813 Generalmajor; Generalstabschef Bülows; nach dem Befreiungskrieg 1814–1819 erster preußischer Kriegsminister; 1818 Generalleutnant, 1819 Rücktritt vom Amte aus Protest gegen die konservative Umgestaltung der Landwehr; 1840 reaktiviert, 1841–1847 erneut preußischer Kriegsminister, 1847 Abschied als Generalfeldmarschall; *16, 25*

Heinz Brandt, 1907–1944, bei der Explosion der Bombe am 20. Juli im Führerhauptquartier schwer verwundet, den Verletzungen erlegen; 1928 Reiterregiment 13; 1939 Generalstab der 25. Infanterie-Division; 1940 Ia der 297. Infanterie-Division; seit November 1940 im OKH; 1943 Oberst, Juli 1944 Generalmajor; am Widerstand beteiligt; *146*

Walter von Brauchitsch, 1881–1948, in britischer Haft verstorben; 1900 Garde-Grenadierregiment Nr. 3; 1912 Großer Generalstab, 1914 Generalstab der Armee; August 1914 Generalstab XIV. Armee-Korps in Metz; den ganzen Weltkrieg über im Westen; September 1919 Generalstabsoffizier Wehrkreiskommando II Stettin; nach mehreren Reichswehrposten im Februar 1930 zum zweitenmal ins Reichswehrministerium versetzt; Oktober 1931 Generalmajor, März 1932 Inspekteur der Artillerie, Februar 1933 Kommandeur der 1. Division und

Befehlshaber im Wehrkreis I in Königsberg; Oktober 33 Generalleutnant; 1935 Kommandierender General des 1. Armeekorps; 1936 General der Artillerie; 1937 Befehlshaber des Gruppenkommandos 4 in Leipzig; Februar 1938 Oberbefehlshaber des Heeres, Nachfolger von *Werner von Fritsch;* April 1938 Generaloberst; in die Staatsstreichpläne während der Sudetenkrise eingeweiht, kann sich nicht zu einer Tat entschließen; Juli 1940 Generalfeldmarschall; nach wiederholten Differenzen über die strategische Planung im Dezember 1941 von *Hitler* verabschiedet; nach Kriegsende in britischer Gefangenschaft, erst in London, dann bei Münster interniert, zusammen mit den Marschällen *von Manstein* und von Rundstedt, wo er seinen für 1949 vorgesehenen Prozeß erwarten sollte; kränkelnd, im Oktober 1948 im britischen Militärhospital in Hamburg gestorben; *102, 108*

Rudolf Bräuninger, 1887–1965; Oberamtmann, Güterdirektor Hardenbergs; *39, 58, 76, 176–177, 182, 184–186*

Elise Bräuninger; geb. Weiland; Frau *Bräuningers; 186*

Philippa von Bredow; Bekannte Werner von Haeftens; *131*

Eberhard von Breitenbuch, 1910–1980; Rittmeister; Attentatsversuch am 11. März 1944; Johanniter; *193*

Brennecke; Major, 1932 beim Reichspräsidenten während des Manövers Wachhabender Offizier; *67*

Clemens Maria Brentano, 1778–1842; Enkel der Schriftstellerin Sophie von La Roche (1730–1807), einer der großen Anreger der Romantik; 1799 stieß er als Student in Jena zum Schlegel-Tieck-Kreis; 1805/1806 gehörte er mit *Achim von Arnim* und anderen Freunden zum Kern der Heidelberger Romantik; durch seine Schwester Bettina (1785–1859) Schwager von *Achim von Arnim-Wiepersdorf* (Heirat 1811), mit dem zusammen er 1806–1808 die Volksliedsammlung »Des Knaben Wunderhorn« herausgab; zwischen 1809 und 1817 wirkte er in Berlin, Wien und Prag; seit 1833 gehörte er zum spätromantischen Görreskreis in München; Ehe mit der Schriftstellerin Sophie Mereau (1770–1806); 1817 Rückbesinnung auf den katholischen Glauben, beispielhaft für den ultrakonservativen Schwenk eines wesentlichen, romantisch bestimmten Teils der deutschen Einigungsbewegung; *19*

Friedrich Graf von der Brühl zu Pförten (Cummeltitz); Großgrundbesitzer; *48*

Prof. Dr. Heinrich Brüning, 1885–1970; aus dem Weltkrieg als glühender Nationalist heimgekehrt; Anhänger einer an der Idee der Volksgemeinschaft des Schützengrabens orientierten Vorstellung von der inneren Ordnung der Nation, Monarchist; 1920 persönlicher Referent des preußischen Wohlfahrtsministers Adam Stegerwald (1874 – 3. 12. 1945); Geschäftsführer der Vereinigung Christlicher Gewerkschaften; ab 1924 Reichstagsabgeordneter (Zentrum); 1929 Fraktionsvorsitzender; Ansehen als Finanzexperte; nach Stresemanns Tod im Oktober 1929 sahen Reichswehrführung und *Hindenburgs* Berater die Gelegenheit, die Wende zu einer stark rechts orientierten Innen- und Außenpolitik durchzusetzen, so wurde Brüning von März 1930 bis Mai 1932 zum Reichskanzler eines von Fraktionsbindungen freien Kabinetts zur Lösung der Reparationsfrage und der Massenarbeitslosigkeit als Voraussetzung für eine erneute Hegemonie Deutschlands, Restauration der Monarchie und Degradierung des Parlaments zu einer Nebenrolle; zur Bekämpfung der Inflation und Sanierung des Staatshaushalts Einschränkung der Ausgaben, Kürzung von Löhnen und Gehältern bei gleichzeitiger Erhöhung der Steuern, Reduktion der Arbeitslosenunterstützung; seine Deflationspolitik verschärfte die Weltwirtschaftskrise und trieb den radikalen Gegnern Weimars Wähler in Massen zu; im Juli 1930 Auflösung des Reichstags, der seine Maßnahmen nicht unterstützte; ab September 1931 ging er zu einer parlamentarisch tolerierten Präsidialregierung über, setzte seine wirtschafts- und finanzpolitischen Vorhaben mit vom Reichspräsidenten erlassenen Notverordnungen durch; die faktische Ausschaltung des Reichstags verlagerte die politischen Auseinandersetzungen auf die Straße und verschaffte den Republikfeinden in *Hindenburgs* Umgebung die Möglichkeit zu Intrigen; ab Oktober 1931 zugleich Außenminister; in Lausanne erfolgreiche Verhandlungen über ein Ende der Reparationszahlungen; Fortschritte in Richtung einer Revision des Versailler Vertrages; mit einer Notverordnung wurden im April 1932 SA und SS offiziell verboten; Ende Mai 1932, »100 Meter vor dem Ziel«, auf Betreiben Generals *von Schleichers* gestürzt, Brünings Nachfolger wurde *Franz von Papen,* der international einheimste, wofür Brüning den Boden bereitet hatte; Mai 1933 Parteivorsitzender, Juli 1933 Auflösung des Zentrums; 1934 Flucht über die Niederlande nach England, 1935 weiter in die USA; seit 1939 Professur in Harvard; nach 1945 ohne Einfluß in Westdeutschland; 1951–1954 Professor emeritus in Köln; 1957 endgültige Rückkehr in die USA; mit seinen 1970 erschienenen Memoiren dekuvrierte er sich als antiparlamentarischer, monarchistischer Romantiker (Wiedererrichtung der Hohenzollern-Monarchie, Wiederherstellung der seinerzeitigen sozialen und politischen Verhältnisse – Einfrieren der Löhne, Gehälter und Lebenshaltungskosten auf dem Stand von 1913); *59, 60*

Paul Brüning; Rentmeister in Neuhardenberg; *46*

Dr. Hermann Bücher, 1882–1951; promovierter Botaniker; 1905–1914 im Kolonialdienst; danach Berater für das türkische Landwirtschaftsministerium; 1919 Generalreferent in der wirtschaftspolitischen Abteilung des Auswärtigen Amtes, Handelsvertragspolitik und finanzpolitische Abwicklung der Reparationen; 1921 geschäftsführendes Präsidialmitglied im Reichsverband der Deutschen Industrie; 1925 als volkswirtschaftlicher Berater zu den IG Farben; 1927 zur AEG (Allgemeine Elektrizitäts-Gesellschaft A. G.); 1931 deren Vorstandsvorsitzender; trotz seiner Distanz zum NS-Regime 1942 in den Rüstungsrat berufen; schon 1948 von den Alliierten in den deutschen IG-Farben-Entflechtungsausschuß berufen; *Reusch*-Kreis; *78*

Paul Buchholz, 1887; Bauer aus Neuhardenberg; Hilfspolizist; *159*

Bruno Ernst Buchrucker, 1878; Major a. D.; Kommandeur der »Schwarzen Reichswehr«; im Oktober 1923 aus Protest gegen den Abbruch des passiven Widerstandes durch die Regierung Stresemann Putsch in Küstrin zur Errichtung einer Militärdiktatur, niedergeschlagen von der Reichswehr, der der Termin nicht paßte; später Mitglied der NSDAP; *62, FN 88 (Kap. 3)*

Burgsdorff; brandenburgisches Geschlecht; *65*

Etta Freiin von Burgsdorff, 1862–1940; verheiratet mit *Kuno Graf von Hardenberg-Neuhardenberg;* Hardenbergs Onkel und Vorgänger in der Standesherrschaft; *27, 38*

Friedrich-Carl von Burgsdorff-Markendorf; Großgrundbesitzer; *53, FN 61 (Kap. 3)*

Axel Freiherr von dem Bussche-Streithorst, 1919–1993; 1937 in die Wehrmacht; Hauptmann im Infanterie-Regiment 9, dem Nachfolger der Garde-Regimenter; wollte sich im November 1943 anläßlich einer Uniformvorführung im Berliner Zeughaus mit Hitler in die Luft sprengen; schwerstkriegsbeschädigt als Major aus der Wehrmacht entlassen; Johanniter; in der Wirtschaft tätig, zuletzt Consultant der Weltbank, Europäisches Büro, in Paris; *152–154; 193, FN 109 (Kap. 3), FN 3 (Kap. 7)*

Karl Butschke, 1887–1971; Bauer aus Neuhardenberg; *176–177*

Wilhelm Franz Canaris, 1887 - 9. April 1945, im KZ Flossenbürg ermordet, erhängt; 1905 zur Reichsmarine; 1907 zum Kreuzer Bremen, Stationsschiff in Latein- und Mittelamerika; danach Dienst in der Nordsee; 1912 zum Kleinen Kreuzer Dresden, östliches Mittelmeer während des Balkankriegs, 1913 zur Ablösung der Bremen als Stationskreuzer nach Lateinamerika; dem Ostasiengeschwader des Grafen Spee zugeteilt; Seeschlacht von Coronel und am 8. Dezember 1914 bei den Falklandinseln, einziges übrigbleibendes deutsches Schiff war die Dresden; am 9. März 1915 wurde sie von dem überlegenen englischen Kreuzer Glasgow, der als einziges britisches Schiff bei Coronel entkommen war, in chilenischen Gewässern gestellt; nach Selbstversenkung mit der Besatzung in Chile interniert; Flucht über die Anden und Heimkehr mit falschen Papieren über Buenos Aires, Plymouth, Holland; Geheimdienstauftrag in Spanien, u. a. zur U-Boot-Versorgung im Mittelmeer; auf der Rückfahrt an der italienisch-schweizerischen Grenze gefaßt, nur durch massives Eingreifen spanischer Freunde vor dem Todesurteil bewahrt; auf ein spanisches Schiff nach Marseille gesetzt, überredete er den Kapitän, direkt nach Spanien statt nach Frankreich zu fahren; mit einem deutschen U-Boot zum österreichischen Kriegshafen Pola; nach Ausbildung in Deutschland U-Boot-Kommandant im Mittelmeer; unmittelbar nach Kriegsende in Berlin und von Berlin aus an der Bildung von konterrevolutionären Zellen, Freikorps und Marinebrigaden beteiligt; im Auftrage der GKD (Garde-Kavallerieschützen-Division) nach Süddeutschland zur Organisation von Einwohnerwehren; währenddessen wurden vom GKD in Berlin Rosa Luxemburg und Karl Liebknecht ermordet; Canaris war im Mai 1919 Beisitzer im Feldkriegsgericht der GKD über die am Mord Beteiligten, die Angeklagten wurden überwiegend freigesprochen, ihm wurde vorgeworfen, dem Mörder Oberleutnant Vogel mit falschen Papieren zur Flucht verholfen zu haben; Angehöriger der Marine-Brigade Löwenfeld; im Spätsommer 1919 zum Stabe Noskes ins Reichswehrministerium; im März 1920 Teilnahme am Kapp-Putsch; im Sommer 1920 in den Admiralstab der Ostseestation nach Kiel versetzt; nach weiteren Posten im Oktober 1924 ins Reichswehrministerium; im Juni 1928 I. Offizier des Linienschiffes Schlesien; im Oktober 1930 Stabschef der Marinestation Nordsee in Wilhelmshaven; Dezember 1932 Kommandant der Schlesien; im Herbst 1934 auf das Abschiebegleis als Festungskommandant in Swinemünde; Januar 1935 Konteradmiral und Chef der Abwehr im Wehrmachtamt, 1938 Amt Ausland/Abwehr im OKW (Oberkommando der Wehrmacht); 1940 Admiral; nach anfänglicher Sympathie für das neue Regime bald entschiedener Nazi-Gegner; entwickelte ein System zur Überwachung der NSDAP; verhalf Verfolgten als angeblichen Agenten zur Flucht ins Ausland; unterstützte aktiv den Widerstand, besonders 1938–1941, obwohl er ein Attentat auf Hitler ablehnte; trotz seiner Opposition gegen manche Maßnahmen Hitlers und seiner detailliert-genauen Kenntnis der Verbrechen der SS in Polen und anderswo blieb er Leiter der militärischen Spionage und ließ seine Untergebenen mit Gestapo und SD zusammenarbeiten, schlug beispielsweise während des Krieges die Kennzeichnung der Juden in Berlin durch einen gelben »Judenstern« vor; nach Abwehr-internen Skandalen und wegen einiger Überläufer in Mißkredit geraten, wurde er im Februar 1944 seines Postens enthoben; am 1. Juli 1944 übernahm er die Leitung des OKW-Sonderstabes für Handelskrieg und wirtschaftliche Kampfmaßnahmen; nach dem 20. Juli 1944 verhaftet, im Februar 1945 aus der Prinz-Albrecht-Straße ins KZ Flossenbürg gebracht; dort im April mit vielen anderen Widerstandskämpfern zusammen durch ein SS-Standgericht zum Tode verurteilt, ermordet; *123, 175*

F. Cast Scuola; Deckname für *Fritz Dietlof Graf von der Schulenburg; 141*

Robert Stewart, Lord Castlereagh, Viscount, Marquis of Londonderry, 1769–1822 (Selbstmord); 1805/1806 und 1807–1809 Kriegsminister; 1812–1822 Außenminister, bestimmte die antinapoleonische Politik; Initiator der Quadrupel-Allianz (England, Rußland, Österreich und Preußen); setzte auf dem Wiener Kongreß die Wiederherstellung des Gleichgewichts der europäischen Mächte durch; *20*

Arthur Neville Chamberlain, 1869–1940; seit 1918 konservativer MP (Unterhausabgeordneter); baute als Gesundheitsminister (1923, 1924–1929) die Sozialgesetzgebung aus; setzte als Schatzkanzler (1931–1937) eine Schutzzollpolitik durch; 1937–1940 Premierminister; unter Verzicht auf die bisherige britische Gleichgewichtspolitik versuchte er durch persönliche Diplomatie einen Krieg zu verhindern, Nachgeben bei »berechtigten« Forderungen, dafür »peace in our time«; erkannte erst 1939 die Fehler seiner Politik des »appeasement« Hitler gegenüber; wegen der Niederlagen bei Kriegsbeginn im Mai 1940 zurückgetreten; *80*

Sir Winston Churchill, 1874–1965; seit 1900 MP (Unterhausabgeordneter), erst für die Konservativen, 1904 Wechsel zu den Liberalen, erst nach Zerfall der Liberalen 1922 Rückkehr zu den Konservativen; steile politische Karriere, Mitglied vieler Kabinette; 1906, als Unterstaatssekretär für die Kolonien, gab er Transvaal und Oranje Selbstverwaltung; als Präsident des Handelsamtes (1908) und Innenminister (1910) führte er Alters- und Krankenversicherung und Arbeitsämter ein; 1911 als Erster Lord der Admiralität versuchte er vergeblich mit Deutschland zu einer Verständigung über den Flottenbau zu kommen, nach Scheitern der Verhandlungen brachte er die britische Flotte bis zum Beginn des 1. Weltkrieges in Höchstform; nach dem Scheitern seines strategisch-genialen Dardanellen-Unternehmens 1915 ging er an die Front; im Juli 1917 als Munitionsminister in die Regierung zurückberufen; die Massenproduktion von Panzern trug wesentlich zum Erfolg der alliierten Durchbruchsschlachten 1918 bei; als Kriegs- und Luftfahrtminister 1919 leitete er die weitgehend reibungslose Demobilisierung; mit seinem Vorschlag, mit Deutschland einen Versöhnungsfrieden zu schließen, konnte er sich nicht durchsetzen; als Staatssekretär für die Kolonien 1921 bemühte er sich um einen Ausgleich in Irland und Palästina; von 1924–1929 führte er unter Baldwin als Schatzkanzler England zum Goldstandard zurück; doch er blieb ohne nachhaltigen Einfluß und von 1929–1939 auch ohne Amt; mit seinem Kreuzzug für König Eduard VIII. brachte er sich um die Glaubwürdigkeit, mit seiner Kritik an der mangelnden Rüstung und an der Appeasement-Politik Chamberlains stellte er sich in Gegensatz zu seiner Partei; erst seit 1938 fanden seine ständigen öffentlichen Warnungen vor dem nationalsozialistischen Deutschland Gehör; bei Kriegsbeginn 1939 wieder Erster Lord der Admiralität; von Mai 1940 bis Juli 1945 Kriegspremier, der Motor des britischen Widerstandswillens; nach dem Kriege plädierte er für ein westliches Verteidigungsbündnis und für eine Einigung Westeuropas, allerdings ohne Großbritannien; 1951–1955 erneut Premierminister; Literatur-Nobelpreisträger 1953; *125, 175*

Max Claus; Journalist bei der DAZ (Deutsche Allgemeine Zeitung), Kollege von *Ursula von Kardorff; 145*

Carl Philipp Gottfried von Clausewitz, 1780–1831; 1792 in die preußische Armee, Teilnahme an den Rheinfeldzügen 1793/1794; 1795 Offizier; schloß sich 1808 dem Kreis der Reformer um Scharnhorst, Gneisenau und *Boyen* an; 1809 Bürochef Scharnhorsts, 1810 Lehrer an der Allgemeinen Kriegsschule (später Kriegsakademie); 1812 Übertritt in russische Dienste, nachdem Preußen sich zum Bündnis mit Frankreich gezwungen gesehen hatte; auf russischer Seite an der Konvention von Tauroggen beteiligt; 1814 Übertritt in die Russisch-Deutsche Legion; nach deren Eingliederung von Friedrich Wilhelm III. widerwillig als Oberst in preußische Dienste zurückberufen; 1815–1818 Stabschef beim Generalkommando in Koblenz, dann als Generalmajor Verwaltungsdirektor der Allgemeinen Kriegsschule; 1828 erst bestätigte der Hof den Brüdern das Adelsprädikat; 1831 Generalstabschef der preußischen Observationsarmee unter Gneisenau in Polen; sein Hauptwerk »Vom Kriege« blieb unvollendet, es wurde erst posthum (1832–1834) von seiner Witwe, einer geb. Gräfin Brühl, herausgegeben; es beruht auf Untersuchungen der Feldzüge *Friedrichs des Großen* und *Napoleons; 120*

Condère; Pariser Chirurg; politischer Häftling im KZ Sachsenhausen; *161*

Czeh; Oberstleutnant; *109*

Walther Darré, 1895–1953; August 1914 Kriegsfreiwilliger, an der Westfront; nach Kriegsende kurz bei einem Berliner Freikorps; Studium, 1925 Diplom-Landwirt; über die Artamanen (rechtsgerichtete bündische Jugend, Propagierung von freiwilligem Arbeitsdienst und »Zurück aufs Land«) schon früh mit *Himmler* befreundet; als Tierzüchter betrachtete er die Volkswirtschaft unter rassistisch-biologischen Gesichtspunkten; mit seinen Blut-und-Boden-Schriften, in denen er den deutschen Bauern zur wahren Triebfeder der Geschichte und die nordische Rasse zum eigentlichen Schöpfer der europäischen Kultur erklärte, beeindruckte er *Hitler;* 1930 Eintritt in die NSDAP; im Frühjahr hatte er bei Schulze-Naumburg *Hitler* persönlich kennengelernt und von ihm den Auftrag erhalten, die Bauern in der NSDAP zu organisieren; seit 1931 leitete er auch das SS-Rasse- und Siedlungs-Hauptamt (RuSHA); bis 1933 war Darré die treibende Kraft hinter der NS-Agrarpolitik; im April 1933 wurde er zum Reichsbauernführer ernannt, Präsident der Raiffeisen-Genossenschaften, im Mai 1933 Präsident des Deutschen Landwirtschaftsrates und im Juni zum Reichsminister für Ernährung und Landwirtschaft; ab November 1933 auch Reichstagsabgeordneter, Reichsleiter, SS-Gruppen-, zuletzt SS-Obergruppenführer; Mitglied der Akademie für Deutsches Recht, Ehrenpräsident der Deutschen Landwirtschaftlichen Gesellschaft; 1934 Reichsbauernführer; der Reichsnährstand und das Reichserbhofgesetz sind seine Schöpfungen; 1936 Goldenes Partei-Abzeichen; Konflikt mit *Hjalmar Schachts* Marktpolitik und der Finanzpolitik der Reichsbank; die Unwirksamkeit seiner Ideologie (weiter stagnierende Geburtenziffern und kein Nachlassen der Landflucht) führte zum Verlust von *Hitlers* Vertrauen und zu seiner Isolierung als praxisfremder Theoretiker; wegen seines Widerstandes gegen Himmlers Konzept der Wehrbauernhöfe und der unzureichenden Lebensmittelversorgung wurde er 1942 aus allen Ämtern entfernt; am 14. 4. 1945 verhaftet; im April 1949 im Nürnberger Wilhelmstraßenprozeß wegen Verbrechen gegen die Menschlichkeit (Beschlagnahme des Eigentums jüdischer und polnischer Bauern und wegen seiner Anordnung, deutschen Juden Grundnahrungsmittel zu verweigern), wegen Plünderung und Mitgliedschaft in einer verbrecherischen Organisation zu 7 Jahren Haft verurteilt, aber bereits im August 1950 entlassen; *74, FN 2 (Kap. 4)*

Deppe; Major i. G., März 1945 Ib der 309. Infanterie-Division; *179*

Deutscher Orden – Hochmeister

Johann von Tiefen; Hochmeister bis 1497; *FN 19 (Kap. 7)*

Herzog Friedrich von Sachsen; Hochmeister 1498–1510; *FN 19 (Kap. 7)*

Markgraf Albrecht von Bayreuth; Hochmeister 1511–1525; danach erblicher Herzog; *FN 19 (Kap. 7)*

Friedrich Karl Otto Dibelius, 1880–1967; Mitglied des VDSt (Verein Deutscher Studenten, der antisemitischen von Adolf Stoecker gegründeten Korporation); 1921 Mitglied des Oberkirchenrats; 1925 Generalsuperintendent der Kurmark; 1933 des Amtes enthoben; 1945–1966 evangelischer Bischof von Berlin-Brandenburg; 1949–1961 Vorsitzender des Rates der EKD; *186*

Eduard Dingeldey, 1886–1942; 1919 Rechtsanwalt in Darmstadt, hessischer Landesvorsitzender der DVP (Deutsche Volkspartei), 1922–1928 Mitglied im Reichsparteivorstand der DVP; ab Mai 1928 DVP-Reichstagsabgeordneter; von Dezember 1930 bis zur Auflösung Juli 1933 Parteivorsitzender und Vorsitzender der DVP-Reichstagsfraktion; im Juli 1932 Wahlabkommen mit der DNVP, völlige Aufgabe der Stresemann-Linie der DVP zugunsten eines radikal rechtskonservativen Schwenks; *70*

Marion Gräfin Dönhoff, 1909; 1936 ostpreußische Güterverwaltung; 1955 Gründung der Deutschen Gesellschaft für Auswärtige Politik; 1968–1972 Chefredakteurin der ZEIT, Journalistin/Publizistin; *151, 153, 169, FN 2, 4, 39 (Kap. 7)*

Karl Dönitz, 1891–1980; 1910 zur kaiserlichen Marine; im Ersten Weltkrieg U-Boot-Kommandant; 1919 zur Reichskriegsmarine; seit 1936 Befehlshaber der U-Boote; 1940 Vize-Admiral; 1942 Admiral; Januar 1943 Großadmiral und Oberbefehlshaber der Kriegsmarine; von Hitler zu seinem Nachfolger als Reichspräsident und Oberbefehlshaber der Wehrmacht bestimmt, bildete am 2. Mai 1945 in Plön eine »geschäftsführende Reichsregierung«

unter der Leitung von J. L. Schwerin von Krosigk, ab 3. Mai 1945 in Flensburg-Mürwik; in seinem Auftrag vollzog das OKW am 7. Mai 1945 die Gesamtkapitulation; am 23. Mai 1945 mit seiner Reichsregierung verhaftet; im Oktober 1946 vom Internationalen Militärgerichtshof in Nürnberg für begangene Kriegsverbrechen und Verbrechen gegen den Frieden zu 10 Jahren verurteilt; auch nach seiner Entlasssung völlig unbelehrt; *119, 130, 181*

Theodor Duesterberg, 1875–1950; 1893 zur preußischen Armee; nach Chinafeldzug (1900/1901) und Kriegsakademie zum Großen Generalstab (1905–1908) und ins preußische Kriegsministerium (1913/14); im 1. Weltkrieg Major; Mitglied der deutschen Waffenstillstandskommission; 1919 Abschied als Oberstleutnant aus Protest gegen den Versailler Frieden; Oktober 1919 deutschnationaler Geschäftsführer in Halle; Dezember 1919 Mitglied im »Wehrverband Der Stahlhelm, Bund ehemaliger Frontsoldaten«, einem paramilitärischen Verband auf der extremen antirepublikanischen chauvinistischen Rechten; März 1924 neben Seldte (gleichberechtigter) zweiter Bundesführer des »Stahlhelm«; Oktober 1931 »Harzburger Front« mit DNVP und NSDAP; 1932 Kandidat der DNVP für die Reichspräsidentenwahlen; lehnte 1933 im Gegensatz zu Seldte einen Posten im Kabinett *Hitler* ab, mußte daraufhin unter Druck gleichschaltungswilliger Stahlhelmführer alle Ämter im Stahlhelm niederlegen; nach dem sogenannten *Röhm*-Putsch wegen seiner Kritik am Regime vorübergehend in Dachau inhaftiert; 1943 Kontakte zum Goerdeler-Kreis, aber nicht beteiligt am Widerstand; 1949 kritisierte er in seinem »Der Stahlhelm und *Hitler*« den Antisemitismus und die Terrorherrschaft, verschwieg aber den Beitrag des Stahlhelm, d. h. seinen eigenen, an der Aushöhlung der Weimarer Republik und als Wegbereiter *Hitlers; 58, 60*

Friedrich Ebert, 1871–1925; Sattler, seit 1889 Sozialdemokrat, 1893 Redakteur der sozialdemokratischen »Bremer Bürgerzeitung«, 1900 SPD-Fraktionsvorsitzender in der Bremer Bürgerschaft, 1905 Sekretär des SPD-Parteivorstandes (Kassenführung und Organisation); 1912–1918 Reichstagsabgeordneter; nach Bebels Tod 1913 wurde Ebert neben Haase Parteivorsitzender, im 1. Weltkrieg trat Ebert für Burgfrieden und Landesverteidigung ein, aber auch für innere Reformen und einen Verständigungsfrieden; 1916 Fraktionsvorsitzender, 1918 Vorsitzender des Hauptausschusses im Reichstag; Ebert war gegen Annexionen, wollte aber auch keine deutschen Gebietsverluste; war persönlich beteiligt an der Friedensresolution von SPD, Zentrum und Demokraten am 19. 7. 1917; im Januar 1918 trat er in die Streikleitung des Berliner Munitionsarbeiterstreiks ein, um den Streik zu beenden; beim Ausbruch der Novemberrevolution übergab ihm Reichskanzler Prinz Max von Baden am 9. November das Amt des Reichskanzlers; tags darauf wurde Ebert zusammen mit Haase Vorsitzender des als Regierung tagenden »Rats der Volksbeauftragten«; zur Abwendung einer Revolution der radikalen Linken schloß Ebert mit General Groener von der kaiserlichen Armeeführung ein Bündnis, die Basis der antirevolutionären Ordnungspolitik (Einmarsch der Gardedivisionen in Berlin, Weihnachtsputsch); im Februar 1919 wurde er zum Reichspräsidenten gewählt; 1922 verlängerte der Reichstag seine Amtszeit bis 1925; Ebert setzte seine ganze Kraft für den Weimarer Staat ein; mit Hilfe seiner weitreichenden Vollmachten (Notstands-Artikel 48) sicherte er die republikanische Ordnung bei weitgehendem Verzicht auf Republikanisierung und Demokratisierung von Heer und Verwaltung, wo in weiten Teilen ein Bekenntnis zur Republik (Republikanischer Richterbund, Republikanischer Beamtenbund) einen Verzicht auf Karriere bedeutete; doch den während des Kapp-Putsches im März 1920 illoyal gewesenen Chef des Truppenamtes *Seeckt* hatte er desungeachtet noch im gleichen Monat zum Chef der Heeresleitung ernannt; im Gegensatz zu seinem Nachfolger *Hindenburg* benutzte Ebert seine Vollmachten aber nur für begrenzte Zeit und ließ dann das Parlament wieder entscheiden; in den schweren Krisen seiner Amtszeit (Kapp-Putsch, Spartakisten- und Kommunisten-Aufstände, Hitlerputsch), vor allem im Krisenjahr 1923, blieb er unerschüttert; als Reichspräsident war Ebert Repräsentant der Republik und deswegen maßloser Hetze der Konservativen und Rechtsradikalen ausgesetzt; ein Magdeburger Gericht hielt im Dezember 1924 den Vorwurf eines Journalisten, Ebert habe 1918 beim Munitionsarbeiterstreik Landesverrat begangen, für juristisch zutreffend; Ebert, der im Weltkrieg zwei Söhne verloren hatte, war von diesem Urteil tief getroffen und starb wenig später als gebrochener Mann; *124*

Jürgen Edzardi; Hauptmann i. G., Ic der 309. Infanterie-Division; *179*

Dr. Kurt von Eichborn, 1877–1962; Offizier bei Generalfeldmarschall von Kluge, Zeuge im Nürnberger Hauptkriegsverbrecherprozeß; *190–191*

Eichendorff; brandenburgisches Geschlecht; *12*

Franz Engelke; Chauffeur und Diener Hardenbergs; *189*

Gerda Erdmann; Pächterin aus Seelow; *46–47*

Martin von Essen, 1957; vormaliger Pfarrer in Marxwalde/Neuhardenberg; *10*

Siegfried Graf zu Eulenburg-Wicken, 1870–1961; Oberst, letzter Kommandeur des Ersten Garderegiments zu Fuß; *97, 202, FN 4 (Kap. 7)*

Gräfin zu Eulenburg-Wicken; verheiratet mit *Siegfried Graf zu Eulenburg-Wicken; FN 4 (Kap. 7)*

Alexandra Gräfin zu Eulenburg, 1868–1943; Schwester von *Siegfried Graf zu Eulenburg-Wicken,* verheiratet mit *Dietlof Graf von Arnim-Boitzenburg; FN 72 (Kap. 4)*

Jonas Graf zu Eulenburg, 1901–1945; Sohn von *Siegfried Graf zu Eulenburg-Wicken,* Major; *97*

Adelheid Gräfin zu Eulenburg-Wicken, 1916; geb. Freiin von Weizsäcker; verheiratet seit 1938 mit *Botho Graf zu Eulenburg-Wicken* (1903–1944, vermißt); Sohn aus der ersten Ehe von *Siegfried Graf zu Eulenburg-Wicken; FN 4 (Kap. 7)*

Hertha Fahrenkampf; Buchhalterin von Hardenberg in Neuhardenberg; *47*

Rudolf Fahrner; Professor, Germanist; seit etwa 1934/35 mit den Brüdern Stauffenberg befreundet; *FN 15a (Kap. 6)*

Falkenhayn; im Vorstand des Reichslandbundes; *51*

Erich von Falkenhayn, 1861–1922; 1913–1915 preußischer Kriegsminister; September 1914, nach der Marneschlacht, bis August 1916 Generalstabschef des Feldheeres, damit hatte er praktisch die Führung der Landstreitkräfte; seine Strategie, im Westen eine AusblutungFrankreichs und damit die Kriegsentscheidung zu erreichen, schlug 1916 fehl; danach als Führer der 9. Armee wesentlichen Anteil am Sieg über Rumänien; als Führer der Heeresgruppe F im Winter 1917/1918 konnte er den Zusammenbruch der türkischen Front in Syrien und Mesopotamien nicht aufhalten; März 1918 – Kriegsende Oberbefehlshaber der 10. Armee in Rußland; Schwiegervater von *Henning von Tresckow; 124*

Erika von Falkenhayn; verheiratet mit *Henning von Tresckow;* Tochter von *Erich von Falkenhayn; 124, 129, 154–155*

Gottfried Feder, 1883–1941; Diplom-Ingenieur; in der Nachfolge Silvio Gesells propagierte Feder in seiner populärsten Schrift, dem »Manifest zur Brechung der Zinsknechtschaft des Geldes«, 1919 das Bild einer zinslosen Gesellschaft; Anfang 1919 gründete er den »Deutschen Kampfbund zur Brechung der Zinsknechtschaft«, der bald in der NSDAP aufging; NSDAP-Mitglied noch vor Hitler; setzte seine finanzpolitischen Vorstellungen in das NS-Parteiprogramm von Februar 1920; Mitglied der Reichsleitung der NSDAP; einer der wichtigsten Programmatiker der frühen NSDAP; er beteiligte sich am *Hitler*-Putsch von November 1923, vorgesehen als Finanzminister, 1924–1936 Reichstagsabgeordneter, im Mai 1924 für die Großdeutsche Freiheitsbewegung; forderte die Enteigung jüdischen Besitzes und unprofitablen Großgrundbesitzes; 1926 in Hitlers Auftrag Herausgeber der »Nationalsozialistischen Bibliothek« und anderer NS-Publikationen; 1931 Vorsitzender des NS-Wirtschaftsrates; sein aggressiver Antikapitalismus führte zum Rückgang der Spenden für die NSDAP; *Hjalmar Schacht* und Walther Funk, später Reichswirtschaftsminister, warnten Hitler, Feders Sozialkreditmodelle würden die gesamte Wirtschaft des Reiches ruinieren; nach dem Rücktritt Gregor Straßers von allen Parteiämtern schrieb Feder einen anklagenden Brief an *Hitler,* wurde deshalb ziemlich kaltgestellt und im Juni 1933 mit dem unbedeutenden Posten des Staatssekretärs im Reichswirtschaftsministerium unter Funk abgefunden; seit April 1934 nur noch Reichskommissar für das Siedlungswesen, wollte er das Bevölkerungsungleichgewicht zwischen Stadt und Land durch ländliche Arbeiter-Dorfsiedlungen rings um dezentralisierte Industriebetriebe lösen, was die Lobby aus Grundbesitzern, Generälen und Bauernverband vereitelte; im Dezember 1934 als Honorarprofessor; *124*

Wilhelm (Graf von) Fermor, 1702–1771; aus einer ursprünglich englischen Familie; 1720 in russische Kriegsdienste; zaristischer General; erhielt im November 1757 den Oberbefehl über die russischen Truppen in Deutschland; Einnahme von Thorn und Elbing, zum Generalgouverneur von Preußen ernannt; Vorstoß bis an die Oder, Belagerung von Küstrin; von *Friedrich II.* bei Zorndorf angegriffen und zum Rückzug nach Polen und Preußen gezwungen; Fermor schrieb sich trotzdem den Sieg zu, wurde von der Kaiserin in den Grafenstand erhoben; nach Niederlegung des Oberbefehls im Mai 1759 Korpsgeneral unter Saltikow bei Kunersdorf; 1762 nach dem Tod der Kaiserin Elisabeth entlassen; von Katharina II. zum Generalgouverneur von Smolensk und Mitglied des Senats ernannt; *65*

Johann Gottlieb Fichte, 1762–1814; mit seinem 1792 anonym erschienenen und erst fälschlich Kant zugeschriebenem »Versuch einer Kritik aller Offenbarung« wurde er sofort weithin bekannt; 1793 folgte die »Zurückforderung der Denkfreiheit von den Fürsten Europas, die sie bisher unterdrückt haben«; 1794 Professor in Jena, das er vor allem im Zusammenhang mit dem Atheismusstreit verlassen mußte, 1805 in Erlangen, ging 1806 mit der preußischen Regierung nach Königsberg, wo er die »Reden an die Deutsche Nation« ausarbeitete, die er 1807 im französisch besetzten Berlin öffentlich vortrug; bedeutendster Vertreter des sogenannten deutschen Idealismus vor und neben Schelling und Hegel; Fichte erhob als erster den dialektischen Dreischritt (These – Synthese – Antithese) zur grundlegenden Methode philosophischen Denkens; in seiner Sitten- und Rechtslehre forderte er die Festlegung von Recht, um die Freiheit des einzelnen und der Gesellschaft zu ermöglichen; die Geschichte teilte er in fünf »Grundepochen« ein, in denen sich die Vernunft zunächst immer mehr von dem sie beherrschenden Naturinstinkt löst und sich dann von den verschiedenen Formen der Autorität befreit; seine Konzeption von einem sozialistischen Staat beschrieb er 1800 in seiner Schrift »Der geschlossene Handelsstaat«; in seinen »Reden an die Deutsche Nation« im Winter 1807/1808 forderte er die geistige Erneuerung durch eine allgemeine Nationalerziehung;

Fichtes Bedeutung und Einfluß halten bis heute an, aber die Wirkung des Blut- und Rassenmystikers Fichte war größer als die des Philosophen Fichte; Fichte ist der Erfinder der rassischen Anthropologie, der späteren NS-Biologie; in seinem 1793 erschienenen »Beitrag zur Berichtigung der Urteile des Publikums über die französische Revolution« schrieb er den Völkern kollektive, unveränderbare Eigenschaften zu und lehnte wegen der unausrottbaren Verderbtheit des jüdischen Charakters die Emanzipation der Juden ab; er forderte, den Juden allen in einer Nacht die Köpfe abzuschneiden und andere aufzusetzen, in denen auch nicht eine jüdische Idee sei; der Berliner jüdische Philosoph Saul Ascher (1767–1822) erwiderte darauf in seiner Abhandlung »Eisenmenger der Zweite«, die »aufgeklärten« Judengegner, deren Grundsätze erst im Aufkeimen begriffen seien, kämpften mit »furchtbareren Waffen als ihre Vorgänger«, weil sie sich auf die Vernunft beriefen, um die Juden aus der Gesellschaft auszustoßen; in seiner Animosität rufe Fichte zum Vergießen von Menschenblut auf, obwohl die Französische Revolution gezeigt habe, daß man durch Kopfabschneiden keine Nation erziehen und zur Moral anleiten könne; er widersprach auch Kant, der in seiner 1793 erschienenen Abhandlung »Die Religion innerhalb der Grenzen der bloßen Vernunft« behauptet hatte, nur das Christentum sei auf ethischen Werten begründet; Ascher wiederholte damit, was er schon 1792 im »Leviathan« geschrieben hatte, mit Beginn der deutschen Einigungsbewegung war ein nationalistisches Klima der Intoleranz entstanden, in dem sich Fichtes Einfluß deutlich durchsetzte; im Januar 1811 war auf Einladung *Arnims* die »Christlich-Teutsche Tischgesellschaft« entstanden, die es innerhalb kurzer Zeit auf 45 Mitglieder brachte, zu denen neben Fichte auch *Heinrich von Kleist, Clemens Brentano, Adam Müller, Carl von Clausewitz,* Friedrich Carl von Savigny gehörten; die bürgerlichen und adeligen Romantiker waren sich in ihrer Ablehnung der beabsichtigten Reformen des Staatskanzlers *Hardenberg* einig, die von ihnen ersehnte Staats- und Gesellschaftsordnung sollte judenrein sein; zu ihren wöchentlichen Sitzungen durften Juden nicht zugelassen werden, Ascher berichtete darüber: »kein Jude, kein getaufter Jude und kein Nachkomme eines getauften Juden,« der Arierparagraph von 1811, ein Vorläufer der späteren, ebenso wie er über die von Brentano im März 1811 vorgetragene Schmährede auf Vernunft und Humanität berichtete, die von den Anwesenden, mehrere von ihnen ständige Gäste in den jüdischen Salons von Henriette Herz oder Rahel Levin, mit derart frenetischem Beifall begrüßt wurde, daß *Brentano* sie unter dem Titel »Der Philister vor, in und nach der Geschichte« drucken ließ; die von *Hardenberg* im März 1812 versuchte Emanzipation scheiterte letzten Endes im bürgerlichen Leben an dem deutschtümelnden, »christlich-germanischen« Judenhaß, wie er von den Romantikern, von *Ernst Moritz Arndt,* dem Turnvater Jahn, von Fichte und Schelling dem neu entstehendem deutschen Nationalbewußtsein eingeimpft wurde; im Februar 1815 hatte der Historiker Friedrich Rühs mit seinem Aufsatz »Über die Ansprüche der Juden auf das deutsche Bürgerrecht« den Juden ganz im Sinne dieser »deutschen Idealisten« jedes Bürgerrecht verwehrt, eine Wiederholung der Flut antisemitischer Auslassungen vom Beginn des Jahrhunderts; im Dezember 1815 widersprach ihm Ascher in seiner »Germanomanie«, das Christentum sei keine »unumgängliche Bedingung der Deutschheit«; er sah klarsichtig voraus, wohin dieser deutsche Idealismus führen werde: »Man muß die Menge, um auch sie für eine Ansicht oder Lehre einzunehmen, zu begeistern suchen; um das Feuer der Begeisterung zu erhalten, muß Brennstoff gesammelt werden, und in dem Häuflein Juden wollen unsere Germanomanen das erste Bündel Reiser zur Verbreiterung der Flamme des Fanatismus hinlegen«; Ascher sah mit Besorgnis, welch großen Einfluß diese Rückwendung zum Mittelalter auf »den großen Haufen der Afterdenker und Schwachköpfe« gewann; während *Arndt* und Jahn behaupteten, Deutschlands Schwäche sei auf den starken politischen und kulturellen Einfluß aus dem Ausland zurückzuführen, wies Ascher ihnen nach, daß die Schuld daran beim Absolutismus und veralteten Militärprinzipien liege: »Hätten alle Staaten von Anfang der Revolution in Frankreich (an)... mit der Entwicklung der politischen Kraft desselben Schritt gehalten, nie wären sie sowohl als Deutschlands Völker in jene abhängige Lage geraten, die sie noch nicht verschmerzen können«; im Oktober 1817 verteidigten die deutschen Idealisten Fichte und *Arndt* auf ihre Weise: auf der Wartburg inszenierten die Burschenschaften aus Anlaß des vierten Jahrestages der Völkerschlacht zu Leipzig 1813 und des 300jährigen Jahrestages von Luthers Verbrennung der päpstlichen Bannbulle ein Autodafé von Büchern mißliebiger Autoren; mit der Drohung: »Wehe über die Juden, so da festhalten an ihrem Judentum und wollen über unser Volkstum und Deutschtum schmähen und spotten!« wurde Aschers »Germanomanie« ins Feuer geworfen; darauf schrieb Heinrich Heine in seinem »Almansor« (1820): »Das war ein Vorspiel nur, dort wo man Bücher verbrennt, verbrennt man auch am Ende Menschen.«; *19, 167*

Finckenstein; brandenburgisches Geschlecht; *65*

Friedrich Ludwig Carl Reichsgraf Finck von Finckenstein-Madlitz, 1745–1818; Regierungspräsident a. D. der Neumark; als ständischer Gegner der Hardenbergschen Reformpolitik; zusammen mit Major a. D. *Friedrich August Ludwig von der Marwitz-Friedersdorf* 1811 auf fünf Wochen nach Spandau gebracht; *19*

Professor Dr. Kurt Finker; »*Stauffenberg* und der 20. Juli 1944«, (1967), 7. überarbeitete Auflage, Berlin 1989; *FN 108 (Kap. 3)*

S. Fischer-Fabian; »Preußens Gloria«, Locarno 1979; *FN 59 (Kap. 7)*

Flemming; brandenburgisches Geschlecht; *65*

Richard von Flemming-Paatzig; Großgrundbesitzer; 1879; *78, 80–81*

Gerhard Förster; »1945 – Das Jahr der endgültigen Niederlage der faschistischen Wehrmacht. Dokumente« ausgewählt und eingeleitet von Gerhard Förster und *Richard Lakowski,* Berlin 1985; *FN 66 (Kap. 7)*

Prof. Wolfgang Foerster, 1875–1963; 1931 Direktor der historischen Abteilung des Reichsarchivs und Leiter der Abfassung des amtlichen Werkes über den 1. Weltkrieg; 1937 Präsident der kriegsgeschichtlichen Forschungsanstalt des Heeres; Professor; u. a. Verfasser von »Generaloberst *Ludwig Beck.* Sein Kampf gegen den Krieg«, München 1953; *201, FN 18 (Kap. 6)*

Theodor Fontane, 1819–1898; hugenottischer Abstammung, lebte ab 1833 in Berlin; erst Journalist,, auch Auslands- und Kriegskorrespondent, Theater-, Kunst- und Literaturkritiken, auch Reisefeuilletons; 1861 erschien der erste Band seiner »Wanderungen durch die Mark Brandenburg«, bis 1882 die übrigen; diese sowie sein 1878 erschienener erster Roman »Vor dem Sturm« etablierten ihn als märkischen Chronisten; seine Schilderungen aus der damaligen märkischen, besonders der Berliner Gesellschaft sind zugleich große Literatur und kulturgeschichtlich-soziologische Quellen; bedeutendster Romancier des Realismus in Deutschland, gestaltete Probleme, Menschen und Lebensumstände seiner unmittelbaren Gegenwart; weithin bekannt als Balladendichter, auch Übersetzer schottischer Volkslyrik; allerdings wußte er genau, wie wenig seine Bücher bei der »guten Gesellschaft« galten; in dem bekannten Gedicht zu seinem 75. Geburtstag vermerkte er sehr genau, wer ihm alles nicht gratulierte; *13, 24, 26, FN 1a (Kap. I)*

Dr. Edgar Frank; Vorstand im Brandenburgischen Landbund; Oberregierungsrat a. D., Generaldirektor, Frankfurt/Oder; *50*

Dr. Roland Freisler, 1893 – 3. Februar 1945, bei einem Luftangriff; im 1. Weltkrieg an der Ostfront; Oktober 1915 in russische Kriegsgefangenschaft, mehrere Jahre in Sibirien, lernte fließend Russisch; wurde überzeugter Kommunist und bolschewistischer Kommissar, bis zu seiner Rückkehr nach Deutschland 1920; Studium in Jena, 1921 Promotion, 1923 großes juristisches Staatsexamen; 1924 Rechtsanwalt in Kassel; 1924 auch Stadtverordneter in Kassel für den Völkisch-Sozialen Block; 1925 NSDAP; später Kommunal- und Provinziallandtagsabgeordneter, 1932 Mitglied im Preußischen Landtag; fanatischer Demagoge; im Altonaer Brandstifterprozeß verteidigte er z. B. die in SA-Uniform erschienenen Angeklagten selber in SA-Uniform mit übergeworfener Rechtsanwaltsrobe; wegen unwürdigen Verhaltens aus der Rechtsanwaltschaft ausgeschlossen; 1933 Reichstagsabgeordneter; März 1933 Ministerialdirektor und Leiter der Personalabteilung im Preußischen Justizministerium; 1934 Staatssekretär im Preußischen Justizministerium, ab Mai 1935 im Reichsjustizministerium; Preußischer Staatsrat, SA-Brigadeführer, Leiter der Abteilung Strafrecht in der Akademie für Deutsches Recht, einer der führenden NS-Strafrechtsreformer und -kommentatoren, von mitleidloser Brutalität; am 20. Januar 1942 Vertreter des Reichsjustizministeriums auf der Wannseekonferenz (Endlösung der Judenfrage); nach dem Tod von Reichsjustizminister Gürtner (Januar 1941) hoffte er, selber Reichsjustizminister zu werden, doch wurde er von *Hitler* als »Bolschewik« abgelehnt; Reichsjustizminister wurde im August 1942 Otto Thierack, Präsident des Volksgerichtshofes seit dessen Gründung, und Freisler übernahm dort dessen Posten; seine Brutalität als Vorsitzender des Volksgerichtshofes, sein Zynismus den Opfern gegenüber, mißfielen selber den höchsten NS-Funktionären; über die Prozesse gegen die am Widerstand des 20. Juli Beteiligten berichtete Thierack an *Bormann,* Freisler habe die Angeklagten niedergebrüllt; »das machte einen recht schlechten Eindruck, zumal der Präsident etwa 300 Personen das Zuhören gestattet hatte. Ein solches Verfahren« sei sehr bedenklich; Freislers Prozeßführung war der Grund dafür, daß Goebbels den Film »Verräter vor dem Volksgerichtshof« den Gauleitern nicht zur Verfügung stellen durfte; das durch Freislers Tod entstandene Durcheinander hat sicher nicht nur Hardenberg das Leben gerettet; selbst Oberreichsanwalt Lautz behauptete noch Anfang der Sechziger, vor Freisler gezittert zu haben: »Ich habe täglich mit dem Tode rechnen müssen!«; *169*

Heinz Freyn, geb. 1914; Oberleutnant; Kompaniechef; Infanterie-Division 309, Anfang März 1945 in Neuhardenberg; *179–180, FN 65–66 (Kap. 7)*

Wessel Freiherr Freytag von Loringhoven, 1899 - 26. Juli 1944, Freitod; Balte, vor dem 1. Weltkrieg in St. Petersburg erzogen; im Frühjahr und Sommer 1919 in der Baltischen Landeswehr; nach kurzer Dienstzeit in der lettischen Armee 1922 in die Reichswehr übernommen, sprach nicht nur fließend Lettisch und Russisch, sondern beherrschte auch mehrere russische Dialekte; Blutordensträger; Ic bei der Heeresgruppe Süd; Oberst i. G.; unter Canaris Abteilungschef bei der Abwehr; besorgte den für den Attentatsversuch erforderlichen Sprengstoff; *109*

Bernd Baron Freytag von Loringhoven; »Johanniter und der 2o. Juli« von *Wilhelm Karl Prinz von Preußen* und Bernd Baron Freytag von Loringhoven, Nieder-Weisel 1985, Schriftenreihe der Hessischen Genossenschaft des Johanniterordens, Heft 14; *FN 59 (Kap. 4), FN 91a (Kap. 6)*

Paul Friedrich; Holzarbeiter in Mochlitz; *44*

Friedrich-Arenshof; Gutsbesitzer; *64*

Friedrich; Sohn des Obigen; *64*

Hans Friedrichs, 1875–1962; Generalmajor z.W. und NS-Oberbürgermeister von Potsdam; *103, FN 26 (Kap. 5)*

Werner Freiherr von Fritsch, 1880–22. 9. 1939, gefallen vor Warschau; 1898 zum Heer; 1907–1910 zur Kriegsakademie; 1911 in den Generalstab; 1913 in den Großen Generalstab; Kriegsdienst im 1. Weltkrieg; 1926 Abteilungsleiter im Reichswehrministerium; 1928 Leiter der Heeresabteilung im Truppenamt; 1930 Generalmajor; 1932 als Generalleutnant Befehlshaber im Wehrkreis III in Berlin; auf Drängen *Hindenburgs* zum 1. 2. 1934 als General der Artillerie zum Chef der Heeresleitung ernannt, ab Mai 1935 in Oberbefehlshaber des Heeres umbenannt; April 1936 Generaloberst; maßgeblich an der deutschen Wiederaufrüstung beteiligt; aber am 5. November 1937 (Hoßbach-Niederschrift) äußerte er gemeinsam mit dem Reichskriegsminister von Blomberg militärische Bedenken gegen die Expansions- und Kriegspläne *Hitlers,* das Heer sei noch nicht genügend gerüstet; daraufhin wurde er im Januar 1938 unter dem Vorwurf der Homosexualität von *Himmler, Heydrich* und *Göring* gestürzt, selber extrem konservativ, antiparlamentarisch und antisemitisch, hatte Fritsche in den vier Jahren seiner Amtsführung die Gleichschaltung des Heeres verhindern können; *Hitler,* der in Fritsche ein hemmendes Element seiner totalen Aufrüstung sah, war es mit dieser Aktion gelungen, den Oberbefehl über die Wehrmacht selbst zu übernehmen; im Februar 1938 aus der Armee entlassen, wurde Fritsch im März 1938 von einem Ehrengericht rehabilitiert, formell wurde ihm das Artillerie-Regiment 12 übertragen, als dessen Chef er in den Ranglisten geführt wurde und dem er sich im September 1939 freiwillig anschloß; viele meinten, er habe während der Kämpfe bei der Warschauer Vorstadt Praga den Tod gesucht; *93, 121, 124, 125, 131, 154, FN 3 (Kap. 2), FN 111a (Kap. 6)*

Dr. Hans Karl Fritzsche, 1914; Hauptmann der Reserve; *103, 145–146, 208*

Friedrich Fromm, 1888 - 12. März 1945, in Brandenburg erschossen; Reichswehr; 1906 zur Armee; im 1. Weltkrieg Kriegsdienst an allen Fronten; nach dem Krieg Freikorps im Osten; Reichswehr; langjähriger Haushaltsreferent des Heeres; seit 1933/1934 Chef des Allgemeinen Heeresamtes im Reichswehrministerium; 1935 Generalmajor; 1938 Generalleutnant; 1939 als General der Artillerie Befehlshaber des Ersatzheeres und Chef der Heeresrüstung; 1940 Generaloberst; bei der Verschwörung spielte Fromm eine zwielichtige Rolle: seine abwartende Haltung ließ die Anhänger des Widerstands auf seine Beteiligung am Umsturz hoffen; von Keitel über das Scheitern des Attentats unterrichtet, wollte er die Verschwörer verhaften lassen, die ihn jedoch selber festsetzten; nach seiner Befreiung durch *Hitler*-hörige Offiziere verhaftete er die in derBendlerstraße anwesenden Mitglieder der Verschwörung und ließ noch in derselben Nacht mehrere von ihnen, *Stauffenberg,* General *Olbricht, Werner von Haeften,* Mertz von Quirnheim, im Hof des Bendlerlocks erschießen; Generaloberst *Beck,* das nominelle Haupt der Verschwörung, hatte Fromm gebeten, ihm seine Pistole »zum privaten Gebrauch« zu belassen; *Beck* versuchte zweimal vergeblich, seinem Leben durch Kopfschuß ein Ende zu setzen, es gelang ihm erst mit Hilfe seiner Ordonnanz; Fromms Opportunismus rettete ihn nicht; am 21. Juli wurde er auf Befehl *Himmlers,* seines Nachfolgers als Befehlshaber des Ersatzheeres, wegen Feigheit selbst verhaftet; vom Volksgerichtshof zum Tode verurteilt, wurde er in Brandenburg hingerichtet; *81, 143*

Furch; Lehrer aus Neuhardenberg; *39*

Klaus Gerbet, geb. 1940; Dekorateur; 1958 in die NVA, Offiziersschule Plauen; 1961 Transportflieger-Geschwader 44 in Marxwalde (Neuhardenberg); 1971 Kommando Luftstreitkräfte/Luftverteidigung Strausberg; 1972 Ministerium für Nationale Verteidigung Strausberg; 1976 Kommando Luftstreitkräfte/ Luftverteidigung; 1978 Militär-Akademie Dresden, Fachgruppenleiter; ausgeschieden als Oberst; 1966–1970 Fernstudium der Geschichte an der Pädagogischen Hochschule Dresden, Diplom über »Carl-Hans Graf von Hardenberg« mit »sehr gut«; 1976 ebenfalls dort Promotion, Dissertation über »Die Niederschlagung des Kapp-Putsches in der Provinz Brandenburg«; 1988–1989 wissenschaftlicher Oberassistent im Mi-

nisterium für Hoch- und Fachschulwesen in Dresden, Abteilung Hochschul-Fernstudium; 1990 Historiker, freischaffender Publizist; *FN 26 (Kap. 6), FN 55 (Kap. 8)*
Paul Gerhardt, 1607–1676; nach dem Besuch der Fürstenschule in Grimma studierte er 1628–1642 in den Wirren des Dreißigjährigen Krieges in Wittenberg evangelische Theologie; 1651 Propst in Mittenwalde, 1657 Diakonus an St. Nikolai in Berlin; 1667 seines Amtes enthoben wegen seiner konfessionell-lutherischen Haltung in Zusammenhang mit dem Streit um das vom *Großen Kurfürsten* erlassene »Toleranz-Edikt«, mit dem der Calvinismus den Vorrang erhalten sollte; von 1669 bis zu seinem Tode Archidiakonus in Lübben/Spreewald; Paul Gerhardt ist der wichtigste Kirchenliederdichter deutscher Sprache; trotz des nur mäßigen Umfangs seines Werkes (134 deutsche und 14 lateinische Dichtungen) ließe sich aus seinen Versen ein nahezu vollständiges Kirchenliederbuch zusammenstellen; die zentralen Feste des Kirchenjahres sind ohne seine Lieder nicht mehr denkbar; *64*
Hans Henning Freiherr von Gersdorff-Cunersdorf; Oberstleutnant; Adjutant beim Generalfeldmarschall von Mackensen; *92*
Rudolf Freiherr von Gersdorff, 1905–1980; 1939 3. Ordonnanzoffizier 14. Armee; dann Ic/AO XII. Armeekorps; 1940 Ia 86. Infanterie-Division; 1941 Major i.G.; Ic/AO Heeresgruppe Mitte; 1943 Oberst; Attentatsversuch am Heldengedenktag, den 21. 3. 1943, in Berlin; 1944 Chef des Generalstabes LXXXII. Armeekorps; dann Chef des Generalstabes der 7. Armee; 1945 Generalmajor; Johanniter-Orden; *105, 107, 125–128, 130–131, 193, FN 37 (Kap. 5)*
Dr. Eugen Gerstenmaier, 1906–1986; 1934 verhaftet; 1936–1944 hauptamtlicher Mitarbeiter im Außenamt der Deutschen Evangelischen Kirche; 1937 Privatdozent an der Universität Berlin; 1939/40 Kulturpolitische Abteilung des Auswärtigen Amtes; Mitglied der Bekennenden Kirche und des Widerstandes gegen *Hitler* im Kreisauer Kreis; im Juli 1944 verhaftet, zu 7 Jahren Zuchthaus verurteilt, im April 1945 von den amerikanischen Truppen aus dem Zuchthaus Bayreuth befreit; 1945 organisierte er das »Evangelische Hilfswerk«, 1945–1951 dessen Leiter; seit 1949 Mitglied des Bundestages (CDU), 1954–1969 3. Bundestagspräsident, Rücktritt infolge öffentlichen Unwillens über seine Wiedergutmachungsansprüche; »Streit und Friede hat seine Zeit«, Berlin 1981; *10, 148, 208, FN 113 (Kap. 6)*
Klaus-Volker Gießler; »Briefwechsel zwischen Claus Graf Stauffenberg und Georg von Sodenstern von Februar/März 1939. Gedanken zum Wesen des Soldatentums«; in »Festschrift für *Hans Booms*«, Boppard o.J.; *FN 71, 74 (Kap. 4)*
Friedrich Gilly, 1772–1800; Schüler seines Vaters David Gilly sowie seit 1788 von *Langhans* und Erdmannsdorff; einer der Wegbereiter der Romantik, Klassizist; hat besonders seinen Schüler *Schinkel* stark beeinflußt; *14*
Hans Bernd Gisevius, 1904–1974; deutschnationaler Jugendführer, 1933 rasch zur NSDAP gewechselt; Jurist, Regierungsrat; August 1933 Eintritt in die preußische Verwaltung; zur politischen Abteilung des Polizeipräsidiums Berlin versetzt, wo er den Aufbau der Gestapo an zentraler Stelle miterlebte; half den ersten Gestapo-Chef Rudolf Diels zu stürzen; zeitweilig im Reichsinnenministerium, dann im Reichskriminalpolizeiamt, abgewandert in die Wirtschaft; Anschluß an den Widerstand; während des Krieges Sonderführer in der Abteilung Abwehr/OKW; 1940 Vizekonsul in Zürich; Verbindungsmann zwischen Widerstand und dem OSS, der von Allen Dulles von Bern aus geleitet wurde; überbrachte diesem Botschaften von *Ludwig Beck* und *Carl Goerdeler,* hielt ihn über den Widerstand auf dem laufenden; kurz vor dem 20. Juli nach Deutschland gereist, konnte er sich wieder in die Schweiz absetzen; im Nürnberger Hauptkriegsverbrecherprozeß Zeuge der Anklage gegen *Göring,* wegen der Detailschilderungen blieb sein 1946 erschienener Bericht »Bis zum bitteren Ende« bis heute wichtig; *FN 112 (Kap. 6)*
Gobitz; brandenburgisches Geschlecht; *12*
Dr. Joseph Goebbels, 1897 – 1. Mai 1945, Selbstmord mit gesamter Familie; wegen eines verkrüppelten Fußes nicht militärdiensttauglich; Promotion 1920; 1922 erster Kontakt zur NSDAP, 1924 Mitglied; 1925 Gaugeschäftsführer Rheinland-Nord; erst bei Gregor Strasser, der sozialrevolutionären linken Parteiopposition, dann zu Hitler übergewechselt; November 1926 Gauleiter von Berlin; Herausgeber vom »Angriff« 1927–1934; 1929 Reichspropagandaleiter der NSDAP, Erfinder des Führermythos; verantwortlich für die Wahlkämpfe 1930 und 1932; ab 1930 NS-Reichstagsabgeordneter, 1932/33 auch im Preußischen Landtag; März 1933 Minister für Volksaufklärung und Propaganda, September 1933 Präsident der Reichskulturkammer; damit war er Leiter der Gleichschaltung aller Massenmedien und des Kulturlebens und befehligte etwa 200.000 Journalisten und andere im Kulturbetrieb; am 10. Mai 1933 war seine Rede Höhepunkt des Rituals der nächtlichen Bücherverbrennung in Berlin, die dann ähnlich ritualisiert im ganzen Reich wiederholt wurde; Einziehung der »entarteten« Kunst; gnadenloser Antisemit, so beim Boykott »jüdischer« Geschäfte im April 1933 oder als Haupt-Regissseur beim Reichskristallnacht-Pogrom vom 9. November 1938; auch entscheidend bei der »Endlösung«; im Mai 1940 veranlaßte er die Gründung der Wochenzeitung »Das Reich«, für die zahlreiche Intellektuelle Beiträge lieferten, die sich bisher der NS-Propaganda entzogen hatten; als Leitartikler hatte Goebbels damit eine neue Plattform für die weiteste Verbreitung seiner Propaganda gewonnen; Kriegspropagandist, am hemmungslosesten in seiner Sportpalast-Rede vom 18. 2. 1943: »Wollt ihr den totalen Krieg?«; seit September 1939 Reichsverteidigungskommissar für Berlin, seit Juli 1940 Stadtpräsident, gelang es Goebbels am Nachmittag des 20. Juli 1944, die Verschwörer mit Hilfe einer kleinen Truppe NS-ergebener Soldaten unter Remer zu isolieren und so den Umsturz zu vereiteln; danach von *Hitler* zum Generalbevollmächtigten für den tota len Kriegseinsatz ernannt; von *Hitler* testamentarisch auch zu seinem Nachfolger als Reichskanzler bestimmt; ließ aber nach dessen Tod erst seine sechs Kinder von einem Arzt vergiften und beging dann mit seiner Frau Selbstmord, kurz bevor die sowjetischen Truppen am 2. Mai 1945 das Gelände der Reichskanzlei besetzten; *71, 141, 148, FN 111a (Kap. 6)*
Dr. Carl Friedrich Goerdeler, 1884 – 2. 2. 1945, nach qualvoller Haft im Gefängnis Plötzensee ermordet; 1905/06 Einjährig-Freiwilliger; August 1914 eingerückt, bis Januar 1919 in der deutschen Militärverwaltung der besetzten russischen Gebiete; 1920 in die DNVP, 1923 in

deren Vorstand; Februar 1920 – Mai 1930 Zweiter Bürgermeister in Königsberg/Preußen; 1930 zum Oberbürgermeister von Leipzig gewählt; Notstandsprogramme gegen die Arbeitslosigkeit; von Dezember 1931 – Dezember 1932 Reichskommissar für Preisbildung und Preisüberwachung; nach seinem Bruch mit Hugenberg öffentlicher Austritt aus der DNVP; in seiner letzten Unterredung mit *Hindenburg* hatte *Brüning* Goerdeler dem Reichspräsidenten als seinen Nachfolger vorgeschlagen, der Widerstand gegen eine Ernennung Goerdelers ging vor allem von *Schleicher* aus; nach dem Sturz *Brünings* im Mai 1932 wurde Goerdeler von *Hindenburg* und *Papen* dringend aufgefordert, als Wirtschafts- und Arbeitsminister in das Präsidialkabinett *Papen* einzutreten; er seinerseits hatte damals geraten, NS-Führer in das Kabinett aufzunehmen, um dessen parlamentarische Basis zu vergrößern und die NSDAP mit in die Verantwortung zu nehmen; während der ersten NS-Jahre noch Wirtschaftsberater der Reichsregierung; November 1934 – Juli 1935 erneut Reichskommissar für die Preisgestaltung (im Nebenamt), Rücktritt wegen Rückweisung seiner liberalen Reformvorschläge; im April 1937 Rücktritt vom Amt als Leipziger Oberbürgermeister wegen der Beseitigung der Büste von Felix Mendelssohn-Bartholdy von ihrem Platz vor dem Leipziger Rathaus; gedeckt und geschützt als Auslandskontaktmann der Firma *Robert Bosch,* wirkte er seit 1939 gemeinsam mit dem Generalobersten *Ludwig Beck* im Widerstand als der führende Nicht-Militär; nach erfolgreichem Umsturz als (provisorischer) Reichskanzler vorgesehen; nach gescheitertem Umsturz untergetaucht; als »wichtigste Person des ganzen Zivilsektors« unter Aussetzung eines Kopfgeldes von einer Million Mark gesucht; erst am 12. August 1944 nach Denunziation in seiner westpreußischen Heimat verhaftet, am 8. September vom Volksgerichtshof unter *Freisler* zum Tode verurteilt; Verfassungspläne sind in seinen Denkschriften »Das Ziel« (1941) und »Der Weg« (1944) niedergelegt; ursprünglich, in Weimar, parlamentsfern oder sogar antiparlamentarisch; kein altpreußischer Konservativer, sondern ein Alldeutscher, noch sein Friedensplan von 1943 geht von einem Großdeutschland einschließlich Österreich, dem Sudetenland, Westpreußen, der Provinz Posen und Südtirol aus; *9, 78–79, 81, 83, 116, 119, 120, 123, 133, 134, 144, 175, 182, FN 20, 42 (Kap. 4), FN 14, 15a (Kap. 6)*

Johann Wolfgang von Goethe, 1749–1832; Dichter des Sturm und Drang und der Klassik; über ein Jahrzehnt Minister des Herzogs Karl-August von Sachsen-Weimar-Eisenach; *24*

Graf von der Goltz; Frühjahr 1914 in Döberitz, Offizier im 1. Bataillon des 1. Garderegiments zu Fuß; *33*

Rüdiger Graf von der Goltz, 1865–1946; nach Studium Offizier im 1. Garderegiment zu Fuß in Potsdam; 13 Jahre im Generalstab; als Regimentskommandeur in den 1.Weltkrieg, Brigade- und Divisions-Kommandeur an der Ost- und Westfront; März 1918 Führer der deutschen Truppen in Finnland, wirkte maßgeblich an der Begründung der nationalen Unabhängigkeit Finnlands mit; 1919 Oberbefehlshaber im Baltikum; entsetzte das von der Roten Armee besetzte Riga und Kurland; im Oktober 1919 von der Reichsregierung auf alliiertes Verlangen abberufen; Abschied ohne Beförderung erbeten; Generalmajor a. D.; Pour le mérite; seit 1920 Führer des Jungdeutschlandbundes; seit 1925 Vorsitzender der Vereinigten vaterländischen Verbände Deutschlands; im Frühjahr 1932 Aufruf zur Wahl *Hitlers* zum Reichspräsidenten; 1934 Führer des Reichsverbandes Deutscher Offiziere; *134, FN 52 (Kap. 6)*

Dr. Rüdiger Graf von der Goltz, geb. 1894; Sohn des Obigen; aktiver Offizier im 1. Garderegiment zu Fuß, infolge schwerer Kriegsverletzung ausgeschieden; seit 1926 Rechtsanwalt in Stettin, später Berlin; schon in Weimar viele Verfahren mit rechtsradikal-politischem Hintergrund (Fememorde, *Goebbels*-Prozesse; *61, 134–135, FN 53– 66 (Kap. 6)*

Astrid Gräfin von der Goltz; verheiratet mit dem Rechtsanwalt *Rüdiger Graf von der Goltz; 61*

Hermann Göring, 1893 – 15. 10. 1946, im Nürnberger Hauptkriegsverbrecherprozeß zum Tode verurteilt, beging zwei Stunden vor seiner Hinrichtung durch den Strang Selbstmord durch Gift; 1912 Leutnant; zu Kriegsbeginn 1914 an die Front; wechselte dann zur Fliegerei; 1917 eine eigene Kampfstaffel; Pour le mérite; 1918 Kommandeur des Jagdgeschwaders »Richthofen«; 1919 nach Schweden, 1920/21 im schwedischen Flugdienst; Ende 1922 in die NSDAP, übernahm die Führung der SA; November 1923 am *Hitler*putsch beteiligt; trotz schwerer Verwundung Flucht nach Österreich; in Italien und Schweden bis zur Amnestie 1927; wegen seiner schwer heilenden Verwundung morphiumsüchtig geworden, mußte er eine Entziehungskur machen; 1928 Reichstagsabgeordneter; seit September 1930 stellvertretender Fraktionsführer und politischer Beauftragter *Hitlers* in Berlin; im August 1932 Reichstagspräsident, verhalf Hitler zu Beziehungen zur Hochfinanz und zur Reichswehr sowie zur Kabinettsbildung mit *Papen;* ohne irgendeine Parteifunktion gehörte Göring zum engsten Führungskreis der NSDAP; 1933 Reichsminister ohne Geschäftsbereich, Reichskommissar für die Luftfahrt und für das preußische Innenministerium, damit auch Chef der Polizei, machte die SA zur Hilfspolizei; seine Devise: »Hier habe ich keine Gerechtigkeit zu üben, hier habe ich nur zu vernichten und auszurotten, weiter nichts!«; ob Göring Urheber bzw. Mitwisser oder nur Nutznießer des Reichstagsbrandes war, ist bis heute nicht geklärt; jedenfalls gab es danach Massenverhaftungen nach vorbereiteten Listen; im April 1933 preußischer Ministerpräsident und zugleich (bis Mai 1934) preußischer Innenminister; beseitigte skrupellos politische Konkurrenten *(Röhm, Schleicher)* und Gegner (nach dem Reichstagsbrand etwa); errichtete zusammen mit *Himmler* und Heydrich die ersten Konzentrationslager und gründete die Gestapo (Geheime Staatspolizei); seit Mai 1933 Reichsminister für die Luftfahrt, seit März 1935 auch Oberbefehlshaber der Luftwaffe; 1934 Reichsforst- und Reichsjägermeister; 1936 erst Rohstoff- und Devisenkommissar, dann als Beauftragter für den Vierjahresplan verantwortlich für die wirtschaftliche Seite der Wiederaufrüstung, praktisch diktatorische Kontrollvollmacht über die deutsche Industrie; seit 1937 Vorstand der zu 90 Prozent staatseigenen »Reichswerke AG ... Hermann-Göring«, mit 700.000 Arbeitskräften und 400 Millionen Reichsmark Kapital schließlich ein Riesen-Rüstungskonzern; häufte ein immenses Vermögen an und plünderte überall im deutschen Einflußbereich Kunstschätze; Göring führte ein Luxusleben, welch kalter Intrigant er war, verrieten seine Intrigen gegen *Blomberg* und *Fritsch;* von Gö-

ring kam auch der Vorschlag, den Juden nach dem Reichskristallnacht-Pogrom eine Kontribution von einer Milliarde Reichsmark aufzuerlegen, und er war auf Grund seiner Wirtschaftsvollmachten an den Arisierungsverordnungen zur Entjudung der deutschen Wirtschaft beteiligt; am 10. November 1938 hatte *Bormann* im Auftrage *Hitlers* an Göring geschrieben, ihm falle es zu, »die Judenfrage jetzt einheitlich« zusammenzufassen »und so oder so zur Erledigung zu bringen«; daraufhin hatte Göring am 31. Juli 1941 Heydrich angewiesen, »alle erforderlichen Vorbereitungen zu treffen für eine Gesamtlösung der Judenfrage im deutschen Einflußgebiet in Europa«;
1933 General der Infanterie, 1936 Generaloberst, 1938 Generalfeldmarschall, im August 1939 Vorsitzender des Reichsverteidigungsrates, Juli 1940 Reichsmarschall; als *Hitler* sich am 22. April 1945 dafür entschied, bis zum Ende in der Reichskanzlei zu bleiben, deutete Göring das als Abdankung und wollte am 23. April 1945 die Führung übernehmen; daraufhin veranlaßte ihn *Hitler* zurückzutreten, allerdings erst auf *Bormanns* Drängen hin; nach erfolgtem Rücktritt erreichte *Bormann* bei *Hitler* Görings Festnahme und Ausstoßung aus der Partei, nach *Hitlers* Tod sollte er erschossen werden; vorübergehend verhaftet, geriet er am 8. Mai 1945 in amerikanische Gefangenschaft, war Angeklagter im Hauptkriegsverbrecherprozeß; Görings anfängliche Machtfülle in Partei und Staat hatte später sehr abgenommen, aber er blieb einer der Hauptverantwortlichen für die antijüdischen Maßnahmen bis hin zum Massenmord und für die brutale Ausnutzung ausländischer Zwangsarbeiter; *111, 130*

Dr. sc. Kurt Gossweiler, 1917; kommunistisches Elternhaus, 1931–1933 Besuch der Karl-Marx-Schule in Neukölln, einer der wenigen sozialistischen Schulen Deutschlands; 1939 eingezogen; 1943 Übertritt in sowjetische Gefangenschaft; bis 1955 politischer Mitarbeiter in der SED-Bezirksleitung Berlin; 1963 Promotion, 1971 Habilitation; von 1971 bis zur Emeritierung 1983 wissenschaftlicher Mitarbeiter im Zentralinstitut für Geschichte der Akademie der Wissenschaften der DDR; Publikationen in Auswahl: »Großbanken, Industriemonopole, Staat. Ökonomie und Politik in Deutschland 1914 – 1932«, Berlin 1971; »Kapital, Reichswehr und NSDAP«, Berlin 1982; »Die Röhm-Affäre. Hintergründe – Zusammenhänge – Auswirkungen«, Köln 1983; *FN 67 (Kap. 3)*

Helmut von Gottberg; Oberleutnant der Reserve; Adjutant im Ersatz-Bataillon 90 in Potsdam; *145*

Gotthardt; Gastwirtschaft in Neuhardenberg; *12, 67*

Gebrüder Grimm, das sind **Jacob Grimm,** 1785–1863, und **Wilhelm Grimm,** 1786–1859; die Brüder Grimm gelten als Begründer vor allem der Germanistik; 1812 gemeinsame Herausgabe althochdeutscher Texte; nach 1812 Herausgabe ihrer Märchensammlung; ab 1816 Herausgabe ihrer »Deutschen Sagen«; ab 1819 Herausgabe ihrer »Deutschen Grammatik«, erste Formulierung des Gesetzes der Lautverschiebung; ab 1854 Beginn ihres »Deutschen Wörterbuches«, fertiggestellt 1861; zuerst Bibliothekare in Kassel; 1830 als Professoren nach Göttingen berufen; 1837 der Universität und des Landes verwiesen wegen ihrer Beteiligung am »Protest der Göttinger Sieben« liberalen Professoren gegen den Verfassungsbruch des Königs von Hannover; 1841 von *Friedrich Wilhelm IV.* als Mitglieder der Akademie der Wissenschaften nach Berlin geholt; *139*

Klaus von der Groeben; »Nikolaus Christoph Graf von Halem im Widerstand gegen das Dritte Reich«, Wien/Köln 1990; *FN 77 (Kap. 6)*

Heinz Guderian, 1888–1954; 1907 in die Armee; im 1. Weltkrieg verschiedene Kommandos, ab April 1917 im Generalstab; ab Dezember 1918 im Grenzschutz; ab Mai 1919 Erster Generalstabsoffizier der »Eisernen Division«, einem freikorpsähnlichen Verband in Riga; Oktober 1919 beim Generalstab der Reichswehrbrigade 10; 1920 im deutschen Bürgerkrieg an der Ruhr; 1921 gegen den mitteldeutschen Generalstreik; April 1922 Inspektion der Verkehrstruppen; Guderian entwickelte sich zum führenden Theoretiker und praktischen Organisator der Panzer- und motorisierten Verbände der Reichswehr; nach verschiedenen Kommandos ab Oktober 1931 Chef des Stabes Inspektion der Verkehrstruppen im Truppenamt; Oktober 1935 Kommandeur der 2. Panzerdivision; August 1936 Generalmajor; Februar 1938 Generalleutnant und Befehlshaber des XIV. Armeekorps, ihm unterstanden die 1., 2. und 3. Panzerdivision; November 1938 General der Panzertruppen und Chef der Schnellen Truppen, ihm unterstanden alle motorisierten Stoßverbände; Juni 1940 Kommandeur der Panzergruppe G in Frankreich; Juli 1940 Generaloberst; Verlegung der Panzergruppe G an die sowjetische Grenze; beim Überfall auf die Sowjetunion bildete sie als Panzergruppe 2 den Stoßkeil der Heeresgruppe Mitte; Oktober 1941 Oberbefehlshaber der 2. Panzerarmee, die vor Moskau geschlagen wurde; Rückzugsbefehle Guderians, die von *Hitler* nicht gebilligt wurden, führten zu seiner Abberufung in die sogenannte Führerreserve; nach Stalingrad im Februar 1943 bis Kriegsende Generalinspekteur der Panzertruppen mit dem Auftrag, diese zu reorganisieren und zu modernisieren; Ablehnung des Widerstands und des Generalstabs *(Beck, Halder);* nach dem 20. Juli Mitglied eines sogenannten Ehrengerichtshofes; seit dem 21. Juli 1944 zusätzlich Generalstabschef des Heeres, verantwortlich für die Niederwerfung von Widerstand (Warschauer Aufstand z,.B.) und Mobilisierung der letzten Militärreserven (Volkssturm); Guderian forderte Ende Juli 1944 in einem Befehl, jeder Generalstabsoffizier müsse künftig auch ein »nationalsozialistischer Führungsoffizier« sein; konnte sich ebensowenig wie *Halder* oder Zeitzler gegen *Hitlers* strategische Fehler durchsetzen; am 28. März 1945 wegen wachsender Meinungsverschiedenheiten als Generalstabschef abgelöst; am 10. Mai 1945 in amerikanische Gefangenschaft; von September 1945 bis Juli 1946 in Nürnberg, danach bis Ende Juni 1947 in Allendorf inhaftiert, bis August 1948 in amerikanischem Gewahrsam; anschließend freigelassen, nicht an Polen ausgeliefert; *121*

Dr. Theodor Häbisch; »Deutsche Latifundien«, Königsberg 1930; *48, FN 42 (Kap. 3)*

Habsburger Kaiser
- **Ferdinand I.** 1503–1564; *FN 95 (Kap. 3)*
- **Karl VI.,** 1685–1740; 1711 Kaiser; Vater von Maria Theresia
- **Maria Theresia,** 1717–1780; 1740 Kaiserin; *FN 95 (Kap. 3)*

Werner von Haeften, 1908 – 20. Juli 1944, erschossen; Syndicus, in der Wirtschaft; Rußlandfeldzug; Oberleutnant; nach Genesung von einer schweren Verwundung dem Allgemeinen Heeresamt zugeteilt, als Ordonnanzoffizier *Stauffenbergs* zum Befehlshaber des Ersatzheeres versetzt; maßgeblich an den Attentatsplänen beteiligt, flog mit *Stauffenberg* am 20. Juli nach Rastenburg ins Führerhauptquartier Wolfsschanze, unterstützte ihn bei letzten Vorbereitungen zum Attentat; nach der Detonation der Bombe konnten sich die beiden unter einem Vorwand aus dem Sperrkreis entfernen und gelangten zurück nach Berlin; *Stauffenberg* löste die Operation Walküre aus; erst danach erfuhren sie vom Überleben *Hitlers;* auf Befehl von Generaloberst *Fromm* wurden sie zu viert in der Nacht zum 21. Juli auf dem Hof des Bendlerblocks erschossen; Neffe von *von Brauchitsch;* sein Bruder Hans Bernd von Haeften, geb. 1905, Auswärtiges Amt, Mitglied im Kreisauer Kreis, wurde am 15. August 1944 vom Volksgerichtshof zum Tode verurteilt und wenige Stunden danach ermordet; Hans Bernd von Haeftens Frau hatte die Gestapo von ihren fünf kleinen Kindern fortgeholt, das jüngste noch im Säuglingsalter, und mehrere Wochen in Sippenhaft gehalten; *131–133, 141, 143, 154, 157, 163, 168, 171*

Sebastian Haffner; und *Wolfgang Venohr* »Preußische Profile«, Königstein/Taunus 1980; *FN 32 (Kap. 6)*

Franz Halder, 1884–1972; nach dem Abitur 1902 Fahnenjunker, seit 1904 Offizier; im 1. Weltkrieg im Generalstab; 1919 ins Reichswehrministerium; dann, nach verschiedenen Posten, 1929 zur Organisationsabteilung des Truppenamtes; 1934 Generalmajor; 1935 Kommandeur der VII. Division; 1936 Generalleutnant, Oberquartiermeister II im Generalstab des Heeres; März 1938 General der Artillerie, Oberquartiermeister I; seine seit 1934 laut geäußerten schweren Bedenken gegen Hitler hatten sich nach der »infamen Beseitigung« von *Fritsch,* dem Oberbefehlshaber des Heeres, zur völligen Ablehnung *Hitlers* als dem Verderber des Vaterlands gesteigert; gemeinsam mit *Witzleben* und *Oster* bereitete er angesichts der Kriegsabsichten *Hitlers* im Hochsommer 1938 für den 14. September 1938 einen Staatsstreich vor; sobald Hitler den Befehl zum Krieg gegen die Tschechoslowakei geben würde, sollte er im Handstreich festgesetzt und für geisteskrank erklärt werden; nach dem Münchener Abkommen war dieser Plan nicht mehr durchführbar; Ende August 1938 als Nachfolger *Becks* Chef des Generalstabs des Heeres; damals noch entschlossen, alle seine Möglichkeiten zum Kampf gegen *Hitler* und dessen Kriegspolitik einzusetzen; Halder und *Brauchitsch,* beide einerseits voll Abneigung gegen Hitler, sich andererseits durch den Eid an *Hitler* gebunden fühlend, hatten immerhin mit dem Gedanken gespielt, *Hitler* mit Hilfe des Heeres zu verhaften, falls er Frankreich und England den Krieg erklären sollte, und warnten *Hitler* beharrlich und nachdrücklich vor der Westoffensive; seit München folgte Halder immer mehr der Linie *Hitlers,* dessen erste Schlachten im Zweiten Weltkrieg er zu einem erheblichen Teil mit planen half, so sehr er ursprünglich gegen den Krieg und gegen Hitlers Strategie opponiert hatte; über die Verhandlungen von Widerstandsgruppen mit den Westmächten (Römische Gespräche 1940) war er informiert, ohne sich seit Kriegsbeginn selbst daran zu beteiligen; als Generalstabschef unterstützte Halder *Hitlers* Politik, so lange sie erfolgreich war; leitete die Planungen gegen Polen, Frankreich, Jugoslawien, Griechenland und die UdSSR; (»Kriegstagebuch. Tägliche Aufzeichnungen des Chefs des Generalstabs des Heeres 1939–1942«, publiziert 1962–1964); Juli 1940 Generaloberst; nach dem Scheitern des Blitzkrieges gegen die Sowjetunion kam es zwischen ihm sowie dem OKW und *Hitler* zu Auseinandersetzungen über die operativen Möglichkeiten, die Sowjetunion doch noch zu besiegen; im September 1942 in die sogenannte Führerreserve versetzt wegen seiner Ablehnung von *Hitlers* Entschluß, zur Eroberung von Stalingrad der übrigen Front Truppen zu entziehen; nach dem 20. Juli verhaftet, nur knapp der Hinrichtung entgangen; bei Kriegsende von amerikanischen Truppen aus einem Konzentrationslager befreit; in seinem als Apologie der Armee zu verstehendem Buch »*Hitler* als Feldherr« (1949) schildert er dessen Verhalten und Fehler in einer Weise, daß unerklärbar bleibt, warum er sich, ganz gegen die Grundsätze eines deutschen Generalstäblers, dann diesem so lange hatte verpflichtet fühlen können; trotz seiner Mitverantwortung für die völkerrechtswidrige, verbrecherische Kriegführung nach 1945 Leiter einer Gruppe von Generälen, die im amerikanischen Auftrag die militärischen Erfahrungen des Krieges gegen die Sowjetunion auswertete (1961 wurde ihm die höchste Zivilauszeichnung der US-Streitkräfte verliehen); maßgeblich beteiligt am Aufbau der Bundeswehr; *81, 110, FN 111a (Kap. 6)*

Nikolaus Christoph Graf von Halem, 1905 – 9. Oktober 1944, hingerichtet; Abitur, anschließend Jura-Studium; 1933 aus dem Staatsdienst ausgeschieden, um nicht in die Verlegenheit zu kommen, einen Eid auf Hitler ablegen zu müssen; 1936 mehrwöchige Gestapo-Haft wegen des Verdachts konspirativer Beziehungen; danach bei der Reichsgruppe Industrie und im oberschlesischen Kohle-Konzern Ballestrem tätig; Attentatspläne gegen *Hitler* schon 1938, falls der Einmarsch in Österreich nicht zu verhindern war; auch Halem hatte sich bemüht, *Bock* für die Opposition zu gewinnen; schließlich setzte Halem seine Hoffnung auf den erst 1939 wieder in Freiheit gelangten *Beppo Römer;* am 22. 2. 1942 verhaftet, vom Polizeigefängnis Alexanderplatz in die Gestapostelle Burgstraße, von dort in das Hausgefängnis des Reichssicherheitshauptamtes in der Prinz-Albrecht-Straße, dann zum Straflager Wuhlheide, danach ins Spandauer Gefängnis, dann in das KZ Sachsenhausen, danach in das Untersuchungsgefängnis Moabit, noch einmal in die Prinz-Albrecht-Straße, zuletzt in das Zuchthaus Brandenburg-Göhrden; er wurde schrecklich gefoltert; einmal hatte er in Moabit nach einem Luftangriff eine Chance zu fliehen, unterließ das aber, um seine Angehörigen nicht zu gefährden; am 16. Juni 1944 wurde er vom Volksgerichtshof zum Tode verurteilt, am 9. Oktober im Zuchthaus Brandenburg ermordet; *138, FN 77, 78 (Kap. 6)*

Halems Bruder; *FN 78 (Kap. 6)*

Halems Schwester; *FN 78 (Kap. 6)*

Walter Hammer, 1888–1966; Deckname von Walter Hösterey; Widerstand; Historiker; 1950 »Archiv Walter Hammer«, Dokumente des Widerstandes gegen den Nationalsozialismus; »Der lautlose Aufstand. Bericht über die Widerstandsbewegung des deutschen Volkes 1933–1945«, herausgegeben von Günther Weisenborn, u. a. nach dem Material von Ricarda Huch und Walter Hammer, Hamburg 1953/54; »Hohes Haus in Henkers Hand. Rückschau auf die Hitlerzeit, auf Leidensweg und Opfergang Deutscher Parlamentarier«, Frankfurt/Main 1956; *FN 26, 30, 67 (Kap. 7), FN 73 (Kap. 8)*

Hammersteingruppe; Deckname *Römers* für seine Beziehungen zu *Halem* und *Mumm von Schwarzenstein; 138*

li 1944 verhaftet, nach zweitägiger Verhandlung vom Volksgerichtshof am 8. September zum Tode verurteilt und noch am selben Tage ermordet; *83–85, 137, 140, 141, 175, 193*

Gerhart Hauptmann, 1862–1946; Dramatiker und Erzähler; 1912 Nobelpreis für Literatur; Naturalist; Wilhelm II. nahm an seinen Inhalten und seiner Sprache Anstoß; *34*

Ulrich Heinemann; »Ein konservativer Rebell. Fritz Dietlof Graf von der Schulenburg und der 20. Juli«, Berlin 1990; *FN 41a (Kap. 5)*

Frau Dr. Heinsen; aus Hamburg; *184*

Karl Roderich Freiherr von Helldorf, gest. 1940; Freund der Familie; *177*

Reinhild Freifrau von Helldorf; verheiratet mit *Karl Roderich Freiherr von Helldorff; 172, 177*

Wolf (Heinrich) Graf von Helldorf, 1896 - 15. August 1944, ermordet; Anfang August 1914 Fahnenjunker, Ende September 1914 ins Feld; Husarenoffizier; Abschied Dezember 1919; in verschiedenen Freikorps aktiv; Beteiligung am Kapp-Putsch; Flucht nach Italien, nach mehreren Monaten Rückkehr nach Zusicherung freien Geleits, amnestiert; seit 1925 preußischer Landtagsabgeordneter (erst Nationalsozialistische Freiheitspartei [aus NSDAP und Deutschvölkischer Freiheitspartei], dann NSDAP) und Führer des Frontbann; 1926 NSDAP; Anfang 1931 SA-Gruppenführer Berlin; Herbst 1931 Prozeß wegen schweren Landfriedensbruchs; bis März 1933 SA-Führer Berlin-Brandenburg; dann Polizeipräsident von Potsdam; 1935 Polizeipräsident von Berlin, General der Polizei; während der Sudetenkrise gab es einen Plan für einen Staatsstreich; auf Gisevius' Vorstoß hin hatte sich Helldorf bereit erklärt mitzumachen bei der Verhaftung der NS-Machthaber und der Ausschaltung der SS; seit 1938 auch in umstrittenen Beziehungen zu Goerdeler; auch am 20. Juli 1944 hatte er die Verhaftung der NS-Machthaber leiten sollen; *63, 148, FN 111a, 112 (Kap. 6)*

Dr. Andreas Hermes, 1878–1964; 1920–1922 Reichsernährungsminister; 1922–1923 Reichsfinanzminister; 1924–1928 preußischer Landtagsabgeordneter, 1928–1933 Reichstagsabgeordneter (Zentrum); 1928 Präsident der Vereinigung der (christlichen) Deutschen Bauernvereine; 1930 Präsident des Einheitsverbandes der deutschen Genossenschaften; 1936–1939 in Kolumbien; schloß sich dem Widerstand um Goerdeler an; nach dem 20. Juli 1944 zum Tode verurteilt, jedoch am 25. April 1945 von den Alliierten befreit; 1945 stellvertretender Oberbürgermeister von Berlin und Leiter des Ernährungswesens; Dezember 1945 Mitbegründer und Vorsitzender der CDU in Berlin und der SBZ, von der Sowjetischen Militär-Administration abgesetzt; 1946–1954 Präsident des (West-) Deutschen Bauernverbandes, 1948–1961 des Raiffeisenverbandes; kritische Distanz zur Deutschlandpolitik Adenauers; *182–183, 190*

Dr. Hersch; Mitglied des Literarischen Cabinets, gemeinsam mit Fontane; *26*

Rudolf Heß, 1894–1988; 1920 NSDAP; 1923 Hitler-Putsch in München, in der gemeinsamen Festungshaft in Landsberg Mitarbeit an Hitlers »Mein Kampf«; 1925 Privatsekretär Hitlers; 1932 Vorsitzender der Politischen Zentralkommission der NSDAP; 1933 Stellvertreter Hitlers in der NSDAP, Reichsminister ohne Geschäftsbereich, Reichstagsabgeordneter; hatte maßgeblichen Anteil an dem Ausbau des Führerkults; 1935 hauptverantwortlich für die auf dem Reichsparteitag verabschiedeten »Nürnberger Gesetze« (»Reichsbürgergesetz«, »Blutschutzgesetz« und »Ehegesundheitsgesetz«); ausgearbeitet auf Anordnung Hitlers, waren das die Grundlagen für die juristisch verbrämte endgültige Entrechtung und totale Ausplünderung der Juden, die lukrative Nutzung des Massenmords, (15. Durchführungsverordnung zum Reichsbürgergesetz); 1938 Mitglied des Geheimen Kabinettrats; 1939 Mitglied im Ministerrat für Reichsverteidigung; am 1. September 1939 von Hitler zu seinem 2. Nachfolger (nach Göring) ernannt; im Mai 1941 Flug nach Schottland, um England für Friedensverhandlungen zu gewinnen und für eine gemeinsame Politik gegen die Sowjetunion; dort bis Kriegsende interniert und 1946 im Nürnberger Hauptkriegsverbrecherprozeß zu lebenslänglicher Haft verurteilt; *88*

Adolf Heusinger, 1896–1982; Reichswehr; von 1931 an im Generalstab des Heeres; 1937 Operative Abteilung des Generalstabs des Heeres, 1940 deren Chef; ab 10. Juni 1944 Stellvertretender Generalstabschef des Heeres; 1941 Generalmajor, 1943 Generalleutnant; am 21. Juli 1944 verhaftet, vorübergehend inhaftiert; nach Kriegsende bis 1948 interniert; ab 1950 gemeinsam mit Hans Speidel Berater Adenauers in militärischen Fragen; Herbst 1955 Generalleutnant der Bundeswehr, Vorsitzender des militärischen Führungsstabes; 1957–1961 Generalinspekteur der Bundeswehr; 1961–1964 Leiter des Ständigen Militärausschusses der NATO in Washington; Eintreten für atomare Aufrüstung der Bundeswehr; *146*

Theodor Heuss, 1884–1963; nach Studium der Kunstgeschichte und Volkswirtschaft Anschluß an Kreis um Friedrich Naumann; journalistisch-publizistische Tätigkeit; 1905–1912 Schriftleiter der »Hilfe«; Geschäftsführer des »Deutschen Werkbundes« in Berlin; 1903 in die Freisinnige Vereinigung (ab 1910 Fortschrittliche Volkspartei); 1918 in die Deutsche Demokratische Partei (ab 1930 Deutsche Staatspartei); 1920–1924 Studienleiter und bis 1933 Dozent an der Hochschule für Politik in Berlin; Reichstagsabgeordneter 1924–1928 und 1930–1933; am 23. März 1933 unterwarf er sich bei der Abstimmung über die Machtübergabe an Hitler dem Fraktionszwang, stimmte dem Ermächtigungsgesetz zu (Gesetz zur Behebung der Not von Volk und Reich); Mai 1933 Entzug der Dozentur; öffentliche Verbrennung seiner Bücher »Führer aus deutscher Not« (1928) und »Hitlers Weg. Eine historisch-politische Studie über den Nationalsozialismus« (1932) in Berlin und in anderen Universitätsstädten; 1933 wieder Herausgabe der »Hilfe«, mußte 1936 eingestellt werden; illegale Vortragstätigkeit, aufgegeben nach einer Warnung aus dem Auswärtigen Amt; publizistische Tätigkeit, u. a. unter dem Pseudonym Thomas Brackheim, sein Geburtsort war Brackenheim; 1941 Verbot der 1939 erschienenen Biographie über den Architekten »Hans Poelzig«; Verbindung zu *Popitz, Goerdeler,* Geßler und anderen im Widerstand; 1945/46 Kultusminister der ersten Regierung von Württemberg-Baden; 1945–1949 Landtagsabgeordneter (Demokratische Volkspartei); 1946 Mitbegründer der FDP, 1948 deren Vorsitzender; 1947 Professur für Neuere Geschichte und Politische Wissenschaften (TH Stuttgart); FDP-Fraktionsvorsitzender im Parlamentarischen Rat, großer Einfluß auf die Formulierungen des Grundgesetzes, vor allem der Präambel und des Grundrechtsteils; 1949–

1959 erster Bundespräsident, versuchte bewußt an demokratische, politische und geistige Traditionen anzuknüpfen, die der Nationalsozialismus zerstört hatte, widersetzte sich aber trotz oft umfangreicher Dossiers nicht der Adenauerschen Wiederverwendung auch schwerstbelasteter NS-Kollaborateure; 1959 Friedenspreis des Deutschen Buchhandels; *175*

Wilhelm Heye, 1869–1947; 1906 Generalstabsoffizier in Deutsch-Südwest; im Weltkrieg Generalstabsoffizier, 1918 Chef der Operativen Abteilung im Generalstab des Feldheeres; 1919 Generalstabschef beim Grenzschutz Nord; 1920 Chef des Truppenamtes, Generalmajor; 1922 Personalamt, Generalleutnant; 1923 1. Division; Oktober 1926 Chef der Heeresleitung als Nachfolger Seeckts, General der Infanterie; 1930 Abschied als Generaloberst; *131*

Heinrich Himmler, 1900 – 23.-Mai 1945, Selbstmord; 1919–1923 paramilitärischer Dienst in verschiedenen Freikorps, u. a. »Oberland« und »Reichsflagge«; August 1923 NSDAP; am 9. November 1923 als Angehöriger des Bundes »Reichskriegsflagge« Beteiligung am Hitlerputsch in München; Juli 1924 Stellvertreter von Gregor Strasser, Gauleiter Niederbayern der »Nationalsozialistischen Freiheitsbewegung«; 1925 Wiedereintritt nach Neugründung der NSDAP; Geschäftsführer der NSDAP Niederbayern, dann stellvertretender Gauleiter (Gaue Niederbayern und Oberpfalz); September 1926 Stellvertreter von Gregor Strasser, Reichspropagandaleiter der NSDAP; Eintritt in die SS, 1927 stellvertretender Führer der SS, 1929 Reichsführer SS (RFSS); Ausbau der SS (Schutzstaffel) zu einer Elitetruppe der SA (Sturmabteilung) und einer partei-internen Polizei; 1930 Reichstagsabgeordneter; März 1933 kommissarischer Polizeipräsident von München; April 1933 Kommandeur der bayrischen politischen Polizei und politischer Polizeikommandeur für das ganze Reich; April 1934 stellvertretender Chef der Geheimen Staatspolizei (Gestapo) Preußens; am 30. Juni 1934 Niederschlagung der SA (sogenannter Röhmputsch) mit logistischer Unterstützung der Reichswehr, über 200 Erschießungen im Reich; neben der SA-Spitze auch andere innenpolitische Gegner (Schleicher, Bredow, Kahr, Klausener, Jung, Strasser); ab 1934 verantwortlich für Konzentrationslager; Juni 1936 Chef der Deutschen Polizei im Reichsinnenministerium; auch Leiter des Reichssicherheitshauptamtes, des SD (Sicherheitsdienst der SS), der Kriminalpolizei, des Auslandsnachrichtendienstes der Gestapo; Oktober 1939 »Reichskommissar für die Festigung des deutschen Volkstums« (RKF); August 1943 Reichs- und preußischer Innenminister; Februar 1944 »Chef des SD und der Abwehr«; 20. Juli 1944, unmittelbar nach dem Attentat, »Befehlshaber des Ersatzheeres« und Chef der Heeresrüstung, erst damit war es ihm gelungen, entscheidenden Einfluß auf die Wehrmacht zu gewinnen; 10. Dezember 1944 – 23. Januar 1945 Kommandeur der Armeegruppe Oberrhein; Januar – März 1945 Kommandeur der Armeegruppe Weichsel; wegen seiner konspirativen Kapitulationsverhandlungen mit vor allem Folke Graf Bernadotte, dem Vizepräsidenten des schwedischen Roten Kreuzes, am 28. April 1945 als Verräter aller Ämter enthoben; am 23. Mai 1945, von britischen Truppen gefangengenommen und gleich im ersten Verhör identifiziert, nahm er Gift; ab 1933 hatte er aus der SS eine Bürgerkriegstruppe geschaffen, ein Machtinstrument gegenüber Partei und Staat; daneben versuchte er Volkstum und Wissenschaft in »arischem Sinne« neu zu gestalten, eine neue arische Religion mit arischen Kultstätten (Wewelsburg) zu erschaffen mit der SS als schwarzem Elite-Orden; im Krieg wurde die Waffen-SS zu einem gleichberechtigten vierten Wehrmachtsteil; trotz seiner Verantwortung für alle Verbrechen der SS, des SD, der Gestapo, die Verbrechen der Einsatzgruppen und in den Konzentrationslagern glaubte er bei Kriegsende, die Westmächte würden ihn als neuen Herrn Deutschlands und Nachfolger Hitlers akzeptieren; *84, 126–127, 130, 134, 170, 173, 174*

Paul von Beneckendorff und von Hindenburg, 1847–1934; 1866 Leutnant; Teilnahme am Krieg von 1866 und am Deutsch-Französischen Krieg 1870/71; nach der Kriegsakademie 1877 zum Großen Generalstab; 1903 Kommandierender General des IV. Armeekorps; 1911 Abschied; 1914 reaktiviert, Oberbefehlshaber der 8. Armee mit Ludendorff als Generalstabschef; gefeiert als Sieger über weit überlegene russische Kräfte bei Tannenberg und an den Masurischen Seen, wurde er zum volkstümlichsten Heerführer des 1. Weltkriegs, nach weiteren Siegen in Polen, Masuren und Litauen zum Hoffnungsträger einer ganzen Nation; November 1914 Oberbefehlshaber Ost, Generalfeldmarschall; August 1916 Chef des Generalstabs des Feldheeres mit Ludendorff als 1. Generalquartiermeister, damit war er bis Kriegsende praktisch Militärdiktator; siegreich gegen Rumänien (1916), Italien (1917), Rußland (1917) und erfolgreich an der Westfront bei Abwehrkämpfen gegen den Vormarsch der Alliierten, doch die entscheidenden Durchbruchsoperationen im Frühjahr und Sommer 1918 mißlangen; die Gegenoffensive der Alliierten mit frischen amerikanischen Truppen warf die OHL (Oberste Heeresleitung) in Ratlosigkeit; Ende September 1918 forderte sie ein sofortiges Waffenstillstandsgesuch, das führte zur Kapitulation; Hindenburg hatte die politischen Aktivitäten seiner Generalquartiermeister Ludendorff und dessen Nachfolgers Groener gedeckt, in den Krisen 1918/19 ließ er sie jedoch mit der Verantwortung allein; nach dem von ihm befürworteten Thronverzicht des Kaisers leitete Hindenburg mit Groener den Rückmarsch des Heeres und, von Kolberg aus, den Grenzschutz gegen die Polen; nach Unterzeichnung des Versailler Vertrags legte er den Oberbefehl nieder; mit seiner Behauptung 1919, das deutsche Heer sei im Felde unbesiegt geblieben, machte er sich zum Kronzeugen der Dolchstoßlegende, die Revolution, die Juden, die Liberalen hätten den Zusammenbruch und die Niederlage verschuldet;

nach dem Tode des ersten Reichspräsidenten *Friedrich Ebert* Ende Februar 1925 war im ersten Wahlgang für seinen Nachfolger nicht die erforderliche absolute Mehrheit zusammengekommen; Jarres, der gemeinsame Kandidat der Rechtskoalition von DVP und DNVP, hatte allerdings die relative Mehrheit gewonnen; da überredete Tirpitz, einer der Hauptverantwortlichen für den 1. Weltkrieg, Hindenburg, sich zum Kandidaten für die vereinigten Rechtsparteien aufstellen zu lassen; seine Wahl verdankte er eigentlich der KPD, die auch für den zweiten Wahlgang auf einem eigenen chancenlosen Kandidaten bestand; *Thälmann* band 1,9 Millionen linke Stimmen, so daß Hindenburg mit 14,7 Millionen Stimmen gewann vor

Wilhelm Marx (Zentrum), dem Kandidaten der Weimarer Koalition, mit nur 13,8 Millionen Stimmen; entgegen den Erwartungen der Rechten und Befürchtungen der Linken hielt sich Hindenburg in seiner ersten Amtszeit strikt an die Verfassung, stützte Stresemanns Erfüllungs- und Verständigungspolitik, geriet aber zunehmend unter den Einfluß der Reichswehr und rechtsgerichteter Kreise *(Schleicher)*; im Mai 1932 war es zum Bruch mit *Brüning* gekommen wegen dessen Agrarplanungen, Siedlungen auf nicht genutztem Großgrundbesitz etwa, und weil Hindenburg die Niederhaltung der Nationalsozialisten mit Polizeigewalt nicht decken wollte; der am 1. Juni 1932 auf *Brüning* folgende Kanzler *Papen* ging mit seinem »Kabinett der Barone« auf scharfen Rechtskurs; am 16. Juni Wiederzulassung der von *Brüning* verboten gewesenen SA und SS, den dadurch mitverursachten »Altonaer Blutsonntag«, bürgerkriegsartige Kämpfe der SA mit Kommunisten, nahm er zum Anlaß für den verfassungswidrigen »Preußenschlag« am 20. Juli 1932, mit dem die Demokratie in Preußen beendet, die verfassungsmäßige Landesregierung Preußens abgesetzt und Preußen vom Reich annektiert wurde; trotz zweimaliger Reichstagsauflösung (Juni und September 1932) mußte *Papen* nach den Reichstagswahlen von November 1932 zurücktreten, nachdem ihm Hindenburg die geforderten diktatorischen Vollmachten verweigert hatte; *Papen* behielt aber das Vertrauen Hindenburgs;
zur Reichspräsidentenwahl 1932 hatte die Rechtskoalition *Hitler* gegen Hindenburg aufgestellt; das Schicksal der Republik hing an dem Verbleib des immer mehr vergreisenden Ersatzkaisers, der die Wahl mit über 19 Millionen Stimmen überlegen gewann, Hitler – 13,4 Millionen und *Thälmann*/KPD – 3,7 Millionen; Anfang Dezember 1932 hatte er Schleicher zum Kanzler berufen, der eine Reichswehrherrschaft etablieren wollte; unter dem Einfluß der Kamarilla (sein eigener Sohn *Oskar*, Staatssekretär *Otto Meißner, Papen*) änderte Hindenburg dann seine anfänglich wenig freundliche Meinung über *Hitler*, den »böhmischen Gefreiten«, und berief ihn Ende Januar 1933 als Anführer der stärksten Fraktion zum Kanzler einer Koalitionsregierung des rechten Flügels, da er ihn durch Papen und die anderen konservativen Kräfte (7 : 3) eingemauert glaubte; den Volkshelden-Nimbus Hindenburgs nutzten die Nazis mit dem »Tag von Potsdam« (21. 3. 1933), der dem Volk suggerierte, daß Hitler, von Hindenburg beauftragt, dessen Werk fortsetze; nach dem sogenannten »*Röhm*-Putsch« (30. Juni 1934) gab ihnen der vergreiste Hindenburg Rückendeckung für die Morde; nach seinem Tode am 2. August 1934 und der Übernahme seines Amtes durch *Hitler* wurde der Rechtsstaat dann bedenkenlos beseitigt; *58, 60, 61, 64, 66–72, 85, 134, FN 97, 107 (Kap. 3)*

Oskar von Beneckendorff und von Hindenburg, geb. 1883; Sohn des Reichspräsidenten; 1903 in das 3. Garderegiment; Kriegsdienst vor allem im Generalstab; hochdekoriert; 1924 Major, 1929 Oberstleutnant, 1932 Oberst; Adjutant des Reichspräsidenten; seine Beeinflussung des greisen Reichspräsidenten war entscheidend und verhängnisvoll; *64, 66–72*

Albrecht Hinze; 1990 Journalist bei der Süddeutschen Zeitung; *FN 55 (Kap. 8)*

Adolf Hitler, 1889 - 30. April 1945, Selbstmord; nach Abbruch der Oberschule seit 1908 in Wien lebend, verhinderter Kunstmaler; der in Wien beliebte christlich-soziale Bürgermeister Karl Lueger war ein wilder Antisemit; neben ihm beherrschte Georg von Schönerer die antisemitische Szene Österreichs, der die Deutschnationalen von Luegers Christlich Sozialen abgespalten hatte; dazu kamen noch andere Rassenfanatiker wie der gewesene Mönch »Jörg Lanz von Liebenfels« (Adolf Josef Lanz); in diesem Klima eignete sich Hitler seinen fanatischen Haß auf Juden, Marxisten und Liberale an und seine verquasten Ideen von der Reinheit der arisch-nordischen Rasse; im Mai 1913 Übersiedlung nach München, um sich den österreichischen Militärbehörden zu entziehen; im Januar 1914 mit Hilfe der bayrischen Polizei dem österreichischem Konsul zugeführt, von der Salzburger Musterungskommission als »zu schwach« und »waffenunfähig« nach München zurückgeschickt; Kriegsfreiwilliger bei Beginn des 1. Weltkrieges, in der bayrischen Armee an der Westfront, meist Meldegänger; Eisernes Kreuz; durch einen Gasangriff vorübergehend erblindet, bei Kriegsende im Lazarett in Pasewalk; Niederlage und die Revolution von 1918 versetzten ihn in ohnmächtige Wut ; er hielt sich dafür ausersehen, Deutschland von Juden, Bolschewisten und den Fesseln des Versailler Vertrags zu befreien; 1919 Einsatz durch die Münchener Reichswehr als V-Mann und Schulungsredner zur politischen »Aufklärung« heimgekehrter Kriegsgefangener und zur Beobachtung der politischen Parteien; im September 1919 Beitritt zur »Deutschen Arbeiterpartei«; unter Hitlers Mitwirkung entstand das im Februar 1920 verkündete 25-Punkte-Programm der DAP, Name bald darauf geändert in NSDAP; Juli 1921 Parteivorsitzender; 8. November 1923 Putschversuch in München (Marsch zur Feldherrnhalle) zusammen mit Ludendorff und anderen bayrischen Rechtsgruppen zum Sturz der Weimarer Republik; nach dessen Scheitern Verbot der NSDAP, Hitler verurteilt zu 5 Jahren Festungshaft in Landsberg Lech; in seinem dort entstandenen »Mein Kampf« verkündete er seine politischen Ziele: grenzenloser Antisemitismus, Beseitigung von Marxismus und Liberalismus, Aufbau eines rassistischen Führerstaates und Eroberung neuen Lebensraumes im Osten; 1924 vorzeitige Haftentlassung; Wiedergründung und Aufbau der NSDAP als Kaderpartei mit halbmilitärischen Verbänden (SA, SS); zügige Überwindung seiner innerparteilichen Konkurrenten, z. B. der Brüder Otto und Gregor Strasser; 1931 Oberster Führer von SA und SS; Hitler bündelte die Stereotype der Rechten – Antimarxismus, Antiliberalismus, Antimodernismus, Kampf gegen »Versailles« und die »Erfüllungspolitik« – unter dem fast sämtliche Feinde der Weimarer Republik verbindenden rassisch begründeten Antisemitismus zu einer »Weltanschauung« zusammen, die Mitglieder und Wähler anderer rechter Gruppen in Millionen zur NSDAP überlaufen ließ; Hitlers Name wurde zum Programm; bei den Reichstagswahlen 1930 stimmten über 18 Prozent für die NSDAP; bei den Reichspräsidentenwahlen im April 1932 verlor er zwar gegen Hindenburg, gewann aber viermal so viele Stimmen wie *Thälmann;* bei den Reichstagswahlen im Juli 1932 wurde die NSDAP mit über 37 Prozent zur stärksten Partei; trotz der massiven Verluste bei den Reichstagswahlen im November 1932, Rückgang von 14 auf 11 Millionen Stimmen, 196 von 584 Mandaten, drängten nun immer mehr konservative Politiker, allen voran die Kamarilla mit Franz von Papen, Staatssekretär *Otto Meißner* und *Hindenburgs* Sohn *Oskar,* den zögernden *Hindenburg,* Hitler zu berufen; am 30. Januar 1933 zum Reichskanzler ernannt; der Reichstagsbrand am 27. Februar 1933 lieferte den Anlaß, nach vorbereiteten Listen die innenpolitischen Gegner zu verhaften, soweit sie noch nicht geflüchtet waren; mit dem Ermächtigungsgesetz vom 24. März 1933 wurde nicht nur der Reichstag, sondern weitgehend auch der Reichspräsident ausgeschaltet, die Machtübergabe an Hitler bestätigt; bei den (letzten relativ freien) Reichstagswahlen am 5. März 1933 hatte die NSDAP eine knappe Mehrheit von 52 Prozent gewonnen; doch bis Juli 1933 hatten sich die anderen Parteien (unter massivem Druck der NSDAP) aufgelöst, die freien Gewerkschaften waren zugunsten der »Deutschen Arbeitsfront« verboten, Juden von jedem öffentlichen Amt ausgeschlossen, die aktivsten Gegner in KZ gesperrt oder ins Ausland vertrieben, seine Rivalen und Steigbügelhalter hatte Hitler ausmanövriert, die Errichtung eines autoritären Einparteienstaates war weitgehend abgeschlossen; der Antisemitismus der Partei hatte sie für viele Deutsche attraktiv gemacht, spielte als stabilisierendes Element in der Frühzeit des NS-Regimes eine nicht unwichtige Rolle; bei dem angeblichen *Röhm*-Putsch (Ende Juni 1934) ließ Hitler die wichtigsten innerparteilichen Konkurrenten und einige innenpolitische Gegner umbringen und gewann mit der Ausschaltung der SA die bedingungslose Unterstützung der Reichswehr; nach *Hindenburgs* Tod am 2. August 1934 ließ sich Hitler offiziell als Erbe *Hindenburgs* zum »Führer und Reichskanzler« ernennen, die Reichswehr auf seine Person vereidigen; danach konnte er im Februar 1938 ohne irgendwelchen Widerstand aus der Reichswehr Reichskriegsminister *von Blomberg* und den Oberbefehlshaber des Heeres Generaloberst *von Fritsch* entlassen sowie 14 andere führende Generäle, er machte sich selbst zum Oberbefehlshaber der Wehrmacht; die formale Leitung des an Stelle des Reichskriegsministeriums geschaffenen OKW (Oberkommando der Wehrmacht) übertrug er dem ihm bedingungslos ergebenen General *Keitel;* 1935 hatte er die Wehrpflicht wiedereingeführt; das war ein Bruch des Versailler Vertrages gewesen, und im März die Wehrmacht in das entmilitarisierte Rheinland einmarschieren lassen, was aber alles – wie die Olympiade von 1936 bewies – Deutschland keinesfalls isolierte; die Wiederaufrüstung führte zur Vollbeschäftigung; im März1938 erreichte er mit dem Einmarsch durch die Wehrmacht den »Anschluß« Österreichs, nach der die Westmächte demütigenden »Münchener Konferenz« am 29 September 1938 die als »Befreiung« getarnte Annexion des Sudetenlands am 1. Oktober 1938 und die Hinnahme der Zerschlagung der Rest-Tschechoslowakei sowie die Wiedereingliederung des Memellandes im März 1939; Hitlers unblutige Siege ließen die große Mehrzahl der Deutschen Konzentrationslager, die Rassegesetze vom Nürnberger Reichsparteitag 1935, die Verfolgung politisch Andersdenkender und den Streit mit der Kirche vergessen. Das nächste Ziel war Polen, doch endlich hatte sich der Westen entschlossen, Hitler Einhalt zu gebieten und Polens Unabhängigkeit garantiert; der Nichtangriffspakt mit der Sowjetunion vom 23. August 1939 sollte einen Zwei-Fronten-Krieg verhindern und bedeutete Krieg; Polen wurde in 19 Tagen überrannt, Dänemark und Norwegen in zwei Wochen, Frankreich, Belgien und die Niederlande in sechs Wochen; der erste Rückschlag war »die Schlacht um England«; die RAF verhinderte, daß die Luftwaffe den Luftraum über dem Kanal eroberte, weshalb die »Operation Seelöwe«, die Landung in England, verschoben werden mußte; statt dessen überrannten die deutschen Truppen nun Griechenland und Jugoslawien, nahmen Kreta ein und vertrieben die Engländer aus der Cyrenaika (im heutigen Libyen); im Juni 1941 begann der Überfall auf die Sowjetunion; Hitler hatte die Ziele vorgegeben, bis Mitte Oktober 1941 sowohl Leningrad als auch Moskau und außerdem das Donezbecken (in der Ukraine) einzunehmen; dafür reichten die Kräfte aber nicht; der Winter kam, und das Heer war für den russischen Winter nicht gerüstet, weil Hitler überzeugt gewesen war, die sowjetische Herrschaft werde binnen sechs Wochen nach Kriegsbeginn zusammenstürzen wie ein Kartenhaus; daß dies nicht eingetreten war, konnte nur Schuld der Generäle sein; die Katastrophe vor Moskau im Dezember 1941 veranlaßte ihn, den Oberbefehlshaber des Heeres *von Brauchitsch* seines Postens zu entheben, ebenso eine Reihe anderer Heerführer: *Guderian, Bock, Hoepner,* die ebenfalls die Front aus taktischen Gründen hatten zurückverlegen wollen; Hitler übernahm auch noch den Oberbefehl über das Heer selbst; zwar ging es in der südlichen Sowjetunion und in Nordafrika etwa noch ein halbes Jahr vorwärts, aber seitdem war der Krieg praktisch verloren; doch die deutsche Generalität wurde nicht aktiv, fühlte sich durch ihren Eid mehr Hitler verbunden als Deutschland, und Hitler wollte die Realität nicht sehen, wies alles von sich, was nicht in sein vorgefaßtes Bild paßte; statt dessen forcierte er nun den Massenmord in allen von Deutschen besetzten Gebieten unter willfähriger Hilfe vieler ausländischer Kollaborateure, die oft die deutschen Erwartungen noch übertrafen; weder das Ausmaß dieser Verbrechen noch die Tatsache, daß dadurch für den Nachschub dringend benötigte Transportmittel, Kraftstoff und Truppen gebunden wurden, daß die deutsche Politik der Unterdrückung und Ausrottung einen Partisanenkrieg ins Leben rief, der weitere Truppen band, veranlaßten, die Generalität einzugreifen; die deutsche Armee wurde zum Schutzschild des Völkermords; der lange Untergang: Italiens Rückschläge, der amerikanische Kriegseintritt im Dezember 1941, Rommels Schlappe bei El Alamein im Oktober 1942 und der Verlust Nordafrikas im März 1943, im Januar 1943 die Katastrophe von Stalingrad, die alliierte Besetzung Siziliens und der Zusammenbruch von Mussolinis Italien im Juli 1943; im Oktober 1943 die Einnahme Neapels durch die Alliierten, am 4. Juni 1944 die Einnahme Roms; zwei Tage später die alliierte Landung in der Normandie, und bald trieb eine Million frischer Truppen die Deutschen durch Frankreich nach Osten, während die Sowjets unaufhaltsam nach Westen vorrückten; erst da kam es zu dem Attentat einer kleinen Gruppe entschlossener Offiziere, frühere Versuche aus dem gleichen relativ kleinen Kreis waren alle mißlungen und auch dieses scheiterte; Hitler überlebte und nahm blutige Rache, selbst an jenen, die jeden Tyrannenmord abgelehnt hatten; mit Genugtuung ließ er sich den Film ihrer viehischen Hinrichtung vorführen; seine Befehle standen fest; wenn er sterben mußte, sollte das deutsche Volk auch zugrunde gehen; er starb am 30. April

1945 durch Selbstmord im Führerbunker, der von ihm zu seinem Nachfolger als Reichskanzler bestimmte *Goebbels* folgte ihm einen Tag später, während *Bormann* versuchte, nach Flensburg zu dem von Hitler zu seinem Nachfolger als Staatsoberhaupt bestimmten *Dönitz* zu gelangen, denn *Bormann* wollte als Nachfolger Hitlers in der Partei die ganze Macht an sich reißen; *61–64, 70–72, 84, 88, 93, 99, 103, 106, 109, 111, 115, 117–120, 124–135, 141, 146–148, 151, 160, 168–170, 172, 179–181, 182, FN 15a, 28, 36, 44, 111a (Kap. 6), FN 4 (Kap. 7)*

Erich Hoepner, 1886 – 8. August 1944, ermordet; 1905 in Metz in das Schleswig-Holsteinische Dragonerregiment Nr.13; Oktober 1913 zur Kriegsakademie; 1. Weltkrieg im Felde, die beiden letzten Jahre Generalstabsoffizier; auch in der Reichswehr meist Generalstabsoffizier, 1928–1930 im Wehrkreiskommando I in Königsberg/Preußen, seitdem bekannt mit dem damaligen Königsberger Oberbürgermeister *Carl Goerdeler;* 1933 Generalstabschef des Wehrkreiskommandos I in Königsberg; Oktober 1935 zum Generalstab in Berlin, Stabschef des Gruppenkommandos 1; seitdem Kontakt zu Generalstabschef *Ludwig Beck;* 1936 Generalmajor; Oktober 1937 Kommandeur der neuaufgestellten 1. Leichten Division in Wuppertal; im Sommer 1938 wurde ihm *Stauffenberg,* damals Rittmeister, als Ib zugeteilt; 1938 Generalleutnant; in enger Verbindung zu *Beck* und *Witzleben,* beteiligt an den Planungen der Militäropposition um *Franz Halder* von September 1938, *Hitler* durch einen Staatsstreich zu stürzen; mit seinen während der Sudetenkrise in den Thüringer Wald verlegten Panzertruppen sollte er bei der erwarteten Auseinandersetzung mit der »SS Leibstandarte Adolf Hitler« den Raum um Berlin sichern und wichtige Teile Berlins besetzen; November 1938 Kommandierender General des XVI. Armeekorps in Berlin; Hoepner galt als nächst Guderian bester Kenner der Panzertruppe; 1939 General der Kavallerie, 16. Armeekorps; Juli 1940 Generaloberst; nach dem Polenfeldzug 1939/40 treibende Kraft für einen Umsturz; Sommer 1941 erst Panzergruppe 4, dann 4. Panzer-Armee, zunächst gegen Leningrad, ab September dann gegen Moskau; am 7. Januar 1942 ignorierte Hoepner *Hitlers* Durchhaltebefehl und zog seine Truppen zurück; er wurde sofort von seinem Posten als Oberbefehlshaber der 4. Panzerarmee abgelöst und aus der Wehrmacht ausgestoßen, formell im Februar entlassen; die Absetzbewegung wurde jedoch schon durchgeführt; 250.000 seiner Soldaten wurden vor dem sicheren Verderben gerettet; erneut Verbindung zur Militäropposition, traf sich in den folgenden Monaten mehrfach mit *Friedrich Olbricht* und *Ludwig Beck;* in der Umsturzplanung war ihm die Position des »Oberbefehlshabers im Heimatkriegsgebiet« zugedacht, falls *Fromm* sich nach dem Attentat als unzuverlässig erweisen sollte, und so unterzeichnete Hoepner am 20. Juli die vorbereiteten Fernschreiben und telefonierte z. B. mit *Kluge;* am 8. August vom Volksgerichtshof zum Tode verurteilt, wurde er noch am selben Tag in Plötzensee mit einer Drahtschlinge an einem Fleischerhaken ermordet; *72, 144, 152*

Caesar von Hofacker, 1896 – 20. Dezember 1944, ermordet; Vetter von *York* und der *Stauffenbergs*, wie diese ein Nachkomme Gneisenaus; geriet 1918 auf dem Balkan als Oberleutnant und Staffelkapitän in Gefangenschaft; erst 1920 Heimkehr aus französischer Kriegsgefangenschaft; während des Jura-Studiums in Tübingen, Göttingen und Graz Leiter des »Hochschulringes Deutscher Art«, Promotion 1925; später in Berlin im Freundeskreis um *August Winnig,* Diskussionen über Einordnung der Arbeiterschaft in das Wirtschafts- und Staatsleben; 1930 Stahlhelm, in die SA überführt; 1937 NSDAP; seit 1927 Arbeit für die Vereinigten Stahlwerke in Berlin, 1938 deren Prokurist; im August 1939 als Reserveoffizier eingezogen; Flieger-Verbindungsoffizier im Polen-Feldzug; nach der Besetzung Frankreichs 1940 Leiter des Referats »Eisen und Stahl« beim Militärverwaltungschef in Paris; seit der Studienzeit eng befreundet mit *Fritz-Dietlof Graf von der Schulenburg,* von ihm seit 1942 über Berliner Widerstandspläne informiert; seit Herbst 1943 als Oberstleutnant Offizier zur persönlichen Verwendung im Stab des Militärbefehlshabers Frankreich General *Heinrich von Stülpnagel;* mit dessen Unterstützung als Verbindungsmann zwischen der Militäropposition in Berlin und Paris mehrfach in Berlin zu Gesprächen mit *Goerdeler, Hassell* und der Linken; neben der rein militärischen Planung beschäftigte er sich mit der Vorbereitung der anschließenden Waffenstillstandsverhandlungen und ließ detaillierte Ermittlungen über die von SD und SS in Frankreich begangenen Verbrechen durchführen, um nach dem Sturz des Regimes die Täter zur Rechenschaft ziehen zu können; vorgesehen als deutscher Botschafter in Paris; brachte am 18. Juli aus Berlin das Datum des Attentats mit; am 20. Juli 1944 mit *Stülpnagel* verantwortlich für den anfänglich sehr erfolgreichen Umsturzversuch in Frankreich; *Stülpnagel* löste auf das am frühen Nachmittag aus der Dienststelle des Generalquartiermeisters Wagner in Zossen telefonisch übermittelte Stichwort hin die Aktion in Paris aus und widerrief sie auch nicht, als Nachrichten über das Überleben *Hitlers* eintrafen; am Abend des 20. Juli waren ohne Blutvergießen etwa 1.200 in Paris stationierte SD- und SS-Männer teils in das Wehrmachtsgefängnis in Fresne, teils in die Kasematten des alten Fort de l'Est in St. Denis eingeliefert worden; auch der »Höhere SS- und Polizeiführer Frankreich« SS-Obergruppenführer Oberg und der »Oberste SD-Führer« Knochen hatten festgenommen werden können; Feldmarschall *von Kluge,* der versprochen hatte, die Aktion zu unterstützen, enthob *Stülpnagel* seines Postens, nachdem ihm das Überleben *Hitlers* gemeldet worden war; Hofacker nutzte die angebotene Hilfe französischer und deutscher Freunde sowie die vorbereiteten Fluchtmöglichkeiten nicht; am 25. Juli in Paris verhaftet, bekannte er sich rückhaltlos zur Tat: »Ich bedauere, nicht an der Stelle meines Vetters Stauffenberg gewesen zu sein, der durch eine schwere Kriegsverletzung verhindert war, die Tat zu vollenden.«; besonders empörte die Gestapo Hofackers Feststellung, er habe mit dem gleichen Recht gehandelt wie *Hitler* am 9. November 1923; in den Gestapokellern im Prinz-Albrecht-Palais auf das schwerste gefoltert; am 30. August 1944 vom Volksgerichtshof zum Tode verurteilt; *Freisler,* der ihm das Schlußwort abschneiden wollte, wies er zurecht: »Sie sollten jetzt schweigen, Herr Präsident, denn jetzt geht es um meinen Kopf, in einem Jahr aber um den Ihren!«; als treibende Kraft und Haupt der Verschwörer in Paris erst lange nach seinen Pariser Mitverschwörern am 20. Dezember 1944 in Plötzensee ermordet; *132*

Peter Hoffmann; »Widerstand Staatsstreich Attentat. Der Kampf der Opposition gegen Hitler.«, München 1969; *FN 15a, 37 (Kap. 6)*

Paul Hofmann, geb. 1907; KP-Mitglied; erhielt 1932 mit anderen den Auftrag, eine illegale Unterbezirksleitung der KPD in Burgstädt zu schaffen; im März 1933 mit Albert Hößler verhaftet und in die Konzentrationslager Colditz und Sachsenhausen gebracht; Ende 1934 entlassen, erneut illegale Arbeit, Hoffmann: »Unsere Aufgabe war es, das deutsche Volk aufzurütteln, mit uns den Kampf gegen den Faschismus zu führen.«; 1941 wieder in das KZ Sachsenhausen; Tätigkeit in der Krankenbaracke, auch im Operationssaal; Hardenbergs Pfleger; nach insgesamt 11 Jahren in Gefängnissen, Zuchthäusern und KZs am 2. Juni 1945 nach Burgstädt zurückgekehrt; *164–166, FN 22 (Kap.7)*

Hohendorff; brandenburgisches Geschlecht; *12*

Hohenzollern Markgrafen von Bayreuth – Herzöge in Preußen

Albrecht Markgraf von Bayreuth, (1.) Herzog in Preußen, 1490–1568; 1511 letzter Hochmeister des Deutschen Ordens; nach Einführung der Reformation 1525 vom König von Polen mit dem Preußen nicht-königlichen Anteils als erblichem Herzogtum belehnt;

Albrecht Friedrich (2.) Herzog in Preußen, 1553–1618; seine Tochter Anna von Preußen war mit *Johann Sigismund Kurfürst von Brandenburg* verheiratet, der beim Tode ihres Vaters 3. Herzog in Preußen wurde; *FN 19 (Kap. 7)*

Karl Alexander Markgraf von Ansbach-Bayreuth, 1736–1806; 1757 Markgraf von Ansbach, 1769 von Bayreuth; 1791 Verkauf der Markgrafschaft an die preußische Krone; *15*

Hohenzollern Markgrafen von Brandenburg Schwedt und **Sonnenburg**

Albrecht Friedrich Markgraf von Sonnenburg, 1672–1731; Sohn des *Großen Kurfürsten und der Kurfürstin Dorothea;* erhielt Quilitz und erwarb Alt-Friedland; *12*

Karl Markgraf von Schwedt, 1705–1762; ältester Sohn des Obigen; nach seinem Tode fielen Quilitz und Alt-Friedland zurück an die Krone und wurden 1763 an Prittwitz und Lestwitz vergeben; *12*

Hohenzollern – Kurfürsten von Brandenburg, später erst **Herzöge,** dann **Könige in Preußen**

Joachim II. Hektor, 1505–1571; 1535 Kurfürst; schloß mit *Friedrich II. Herzog von Liegnitz* einen Erbfolgevertrag, den die Habsburger nicht anerkennen wollten, der aber König *Friedrich II.* den Vorwand für die Eroberung Schlesiens bot; *FN 95 (Kap. 3), FN 19 (Kap. 7)*

Johann Sigismund, 1572–1619; 1608 Kurfürst, 1618 3. Herzog in Preußen; verheiratet seit 1594 mit Anna von Preußen, 1576–1625, Tochter von Herzog *Albrecht Friedrich, 2. Herzog in Preußen*

Georg Wilhelm, 1595–1640; 1619 Kurfürst und 4. Herzog in Preußen

Friedrich Wilhelm, der Große Kurfürst, 1620–1688; 1640 Kurfürst und der polnischen Krone lehnspflichtiger 5. Herzog in Preußen, ab 1656/57 souveräner Herzog von Preußen herzoglichen Anteils; 1660 vom Reich und Schweden anerkannt; *12, 18, FN 95 (Kap. 3), FN 19 (Kap. 7)*

Kurfürstin Dorothea, 1636–1689; geb. von Holstein-Glücksburg; seit 1668 in zweiter Ehe verheiratet mit *Friedrich Wilhelm,* dem *Großen Kurfürsten,* dessen zweite Frau; sieben Kinder, die Linie der Markgrafen von Brandenburg-Schwedt; **12**

Friedrich III./I., 1657–1713; Kurfürst Friedrich III 1688, König Friedrich I. in Preußen 1701

Friedrich Wilhelm I., genannt **der Soldatenkönig,** 1688–1740; 1713 Kurfürst und König; *175, 193, 196*

Friedrich II., genannt **Friedrich der Große,** 1712–1786; 1740 Kurfürst und König; von der Aufklärung geprägt, was ihn nicht hinderte, sich nach dem Tode Kaiser Karls IV. Schlesiens zu bemächtigen (1740–1742) und zu verteidigen (1744/45), dessen Besitz ihm im Frieden von Dresden von *Kaiserin Maria Theresia* bestätigt wurde; 1756 löste er mit seinem präventiven Einfall in Sachsen den Siebenjährigen Krieg aus; glänzende Siege wie schwere Niederlagen prägten seine militärische Laufbahn; sein Ausbau des »Friederizianischen Systems« (aufgeklärter Absolutismus mit Vorherrschaft des Adels über Bauern und Städte) hinterließ Preußen weniger reform- und überlebensfähig als das Österreich von Joseph II. (1741 – 1790, Kaiser ab 1765), dem Sohne *Maria Theresias; 13, 14, 65, 68, 175, 193, 196, FN 95 (Kap. 3)*

Friedrich Wilhelm III., 1770–1840; 1797 Kurfürst und König; verheiratet seit 1793 mit *Luise von Mecklenburg-Strelitz;* setzte die aus dem im Basler Frieden mit Frankreich 1795 resultierende Neutralitätspolitik fort, brachte damit Preußen während der Koalitionskriege in Abhängigkeit von *Napoleon I.;* stellte sich erst gegen Frankreich, als er Preußen von dessen Expansionsdrang bedroht sah; die schwere Niederlage bei Jena und Auerstedt 1806 hatte den Zusammenbruch des preußischen Staatssystems zur Folge; 1807 mußte er im Frieden von Tilsit den Verzicht auf weite Gebiete unterschreiben; sah sich zu militärischen *(Scharnhorst,* Gneisenau) und politischen Reformen *(Stein, Hardenberg)* gezwungen, die er aber nur widerwillig und gegen den massiven Widerstand des auf seine altständischen Rechte pochenden Adels unterstützte; ebenso unentschlossen ließ er sich in den Kampf gegen *Napoleon* drängen; nach den Siegen in der »Völkerschlacht von Leipzig« 1813 und bei Waterloo 1815 bestätigte der Wiener Kongreß 1815 Preußens Großmachtstellung, das der Kongreß durch die Erwerbungen am Rhein bewußt in eine konfrontative Stellung zu Frankreich brachte; *Hardenbergs* Urteil: »eine wahre Schädigung« Preußens; die *Stein/Hardenberg*schen Reformpläne zur kommunalen Selbstverwaltung und Gewerbefreiheit, zur Militärreform, Judenemanzipation und Bauernbefreiung wurden nur teilweise verwirklicht, die nur halbherzige Judenemanzipation blieb sogar ausdrücklich auf die preußischen Rumpf-Provinzen *(unter Napoleon I.)* beschränkt; in der Epoche der Restauration entwickelte sich Preußen unter seiner Herrschaft zu einem Staat, der jedem mißtraute, jeden verfolgte, der schon vor dem königlichen Gesinnungswandel bereit gewesen war, gegen Napoleon zu kämpfen; *16–21, 86, 87*

Königin Luise, 1776–1810; geb. Prinzessin von Mecklenburg-Strelitz; seit 1793 verheiratet mit *Friedrich Wilhelm III.,* Mutter von *Friedrich Wilhelm IV.* und *Wilhelm I.;* auf ihr Betreiben kam es 1805 zu einer Annäherung Preußens an Rußland; nach der Schlacht von Jena und Auerstedt 1806 mußte sie über Königsberg/Preußen bis Memel fliehen; im Juli 1807 versuchte sie vergeblich, *Napoleon* in einem Gespräch zur Milderung der Preußen diktierten Friedensbe-

in Rom; 1809/10 Direktor für Kultus und Unterricht im Innenministerium in Berlin, Reform des Bildungswesens, Gründung u. a. der Berliner Universität und des neuhumanistischen Gymnasiums; 1810 Gesandter in Wien, neben *Hardenberg* Vertreter Preußens auf dem Wiener Kongreß und anderen Konferenzen; Gegner *Metternichs,* für einen Deutschen Bund mit deutscher Verfassung; Mitwirkung am preußischen Judenedikt von 1812 und Eintreten für die Juden auf dem Wiener Kongreß; mit *Hardenberg* wegen dessen restaurativer Politik zerstritten; 1817 als Gesandter nach London geschickt, 1819 Minister für die ständischen und kommunalen Angelegenheiten; Humboldts entschiedenes Auftreten gegen die Karlsbader Beschlüsse (Demagogen-Verfolgung) und für eine parlamentarische Verfassung führte zu seinem Rücktritt im Dezember 1819; mit ihm war der entschiedenste Vertreter einer liberalen Verfassung für Preußen den konservativen altständischen Kräften zum Opfer gefallen, die damit ihre privilegierte Macht noch für hundert Jahre gegen eine Beteiligung des Volkes gerettet hatten; lebte danach als Gelehrter auf dem väterlichen, von *Schinkel* ausgebauten Schloß in Tegel; *19, 25*

Henrik Ibsen, 1828–1906; norwegischer Dichter und Dramatiker; 1850 in Oslo journalistisch tätig für die Arbeiterbewegung und für die Wiederbelebung des Norwegischen, Freundschaft mit Björnson; 1851 Bühnenleiter, Dramaturg und Schauspieler in Bergen; 1857 Theaterdirektor in Oslo; 1864–1891 vorwiegend in Deutschland und Italien; nach anfänglich in romantischer Weise verarbeiteten nationalhistorischen Stoffen verfaßte er erst Ideen-, dann Gesellschaftsdramen, beschäftigte sich mit dem Zerfall zwischenmenschlicher Beziehungen sowie mit sozialen Problemen wie Frauenemanzipation, Darwinismus, Individualismus und der Vereinsamung des Menschen; bahnbrechend für den Naturalismus in Skandinavien wie in Deutschland; zwar bietet er selten Lösungen für die von ihm aufgeworfenen Fragen, doch die Kraft seiner Fragestellung, seine Schicksalsbilder und Menschen wirkten gegen Ende des 19. Jahrhunderts umstürzend und aufrüttelnd und sind bis heute bühnenwirksam geblieben; *34*

Ihlow; brandenburgisches Geschlecht; *65*

Itzenplitz; brandenburgisches Geschlecht; *65*

Hans Adolf Jacobsen; »Spiegelbild einer Verschwörung. Die Opposition gegen Hitler und der Staatsstreich vom 20. Juli 1944 in der SD-Berichterstattung. Geheime Dokumente aus dem ehemaligen Reichssicherheitshauptamt«, Stuttgart 1984; *132, FN 44, 45, 49, 99, 110 (Kap. 6)*

Fritz Jäger, 1895 – 21. August 1944, ermordet; nahm im November 1918 seinen Abschied; beteiligte sich dann an den Kämpfen im Baltikum; in den Zwanzigern einige Jahre als Kreditvermittler selbständig; deutschnational, vorübergehend in der Adjutantur des Berliner Stahlhelmführers; Ende 1934 für die Reichswehr reaktiviert; 1942 im Oberkommando des Heeres, dort Kontakt zu General *Olbricht;* Oberst, Kommandeur der Panzertruppen in den Wehrkreisen II (Stettin) und XXI (Kalisch) sowie der dortigen Panzertruppenschule; hatte sich den Verschwörern zur Verfügung gestellt, meldete sich am 20. Juli bei *Olbricht,* nahm wenig später zwei SS-Offiziere fest und entwaffnete sie; nach dem Scheitern des Umsturzes verhaftet, am 21. August 1944 vom Volksgerichtshof zum Tode verurteilt; *137, 145, 148, 168, 171*

Jagellonen

Jagello (polnisch Jagiello, litauisch Jagaila) Wladislaw, geb. um 1351, gest. 1434 ; 1377 Mitherrscher, 1382 alleiniger Großfürst von Litauen, Litauen war während der durch die Mongolenherrschaft verursachten Schwäche des Moskauer Reiches die größte Macht im Osten Europas mit (bis 1386 heidnischer) litauischer und ostkirchlich ostslawischer (weißrussischer, rotrussisch-ruthenischer) Bevölkerung; Jagello schloß 1385 mit Polen die Union von Krewo, lose Angliederung des Großfürstentums an Polen; nach Übertritt zum Christentum seit 1386 vermählt mit Hedwig (polnisch Jadwiga), Tochter und Erbin von König Ludwig von Polen und Ungarn, und unter dem Namen Wladislaw II. zum König von Polen gewählt ; Jagello erneuerte 1400 die seitdem nach ihm benannte Jagiellonische Universität Krakau; während damals quer durch das christliche Europa die Intoleranz als ein religiöses Gebot herrschte, entwickelte die Universität Krakau nicht nur die Idee der Toleranz (Voraussetzung für den inneren Frieden in Polen-Litauen), sondern verteidigte sie auch auf den Konzilen, erst nach der Gegenreformation und den Schwedenkriegen verblaßte die polnische Toleranz etwas, doch in Westeuropa existierte sie damals fast gar nicht; 1410 besiegte Jagello den Deutschen Orden bei Tannenberg; gewann aber im 1. Thorner Frieden 1411 nur Schamaiten (Samogitien); Jagello war der Begründer der nach den Piasten wichtigsten polnischen Dynastie; unter den Jagellonen dehnte sich der Staat von der Ostsee bis zum Schwarzen Meer, bis nach Böhmen und Ungarn; 1466 im 2. Thorner Frieden hatte der Orden Pommerellen und das Ermland an Polen verloren und war Polen lehnspflichtig geworden; 1569 wurde durch die Lubliner Union die Personalunion mit Litauen in eine Realunion umgewandelt; Polen wurde Mittler der westeuropäischen Kultur nach Litauen, Südosteuropa und weit in den slawischen und tartarischen Osten hinein; der litauische und ruthenische Adel polonisierte sich und verschmolz mit dem altpolnischen zur polnischen Adelsnation; der blühende Fernhandel ließ ein reiches Bürgertum entstehen, neben dem das Judentum als privilegierte städtische Schicht Bedeutung gewann; *FN 19 (Kap. 7)*

Kasimir IV. Andreas, 1427–1492; 1440 Großfürst von Litauen, 1447 König von Polen; besiegte den Deutschen Orden im Dreizehnjährigen Krieg (1454–1466, 2. Thorner Friede, siehe Jagello); unter Kasimir erreichte die Herrschaft der Jagellonen ihre größte Ausdehnung; er gewann 1471 die Krone Böhmens und 1490 die Krone Ungarns für seinen Sohn Wladislaw; *FN 19 (Kap. 7)*

Gusztáf Jány (geb. Hautzinger), 1883 – 23. 11. 1947, hingerichtet; deutsch-polnischer Abstammung, Name magyarisiert wie bei über einem Fünftel des ungarischen Offizierkorps; seit 1905 in der Armee; Generaloberst; Mai 1942 – Mai 1943 ungarischer Oberbefehlshaber an der Ostfront als Kommandeur der 2. Ungarischen Armee; bei Heimkehr von der Front verabschiedet, lebte in Ungarn bis zum Umsturz der Pfeilkreuzler im November 1944, denen er sich verweigerte;

emigrierte nach Deutschland; geriet dort am 1. Mai 1945 in amerikanische Gefangenschaft; kehrte im Herbst 1946 freiwillig nach Ungarn zurück, wurde am 7. Oktober 1946 im Heimkehrerlager verhaftet und vor Gericht gestellt; zum Tode verurteilt und erschossen wegen verantwortungslosem Einsatz und verzögertem Rückzug, also wegen seiner Schuld am Tode ungarischer Soldaten, die sterben mußten, weil er sich den Durchhalteparolen aus dem Führerhauptquartier nicht widersetzt habe; der einzige Offizier, der in Ungarn in Zusammenhang mit der ungarischen Beteiligung am Rußlandfeldzug verurteilt wurde; *109*

Jean Paul, eigentlich **Johann Paul Friedrich Richter,** 1763–1825; schon als Fünfzehnjähriger literarisch tätig, aber abseits der politisch-literarischen Zentren seiner Zeit aufwachsend, blieb er unbemerkter Autodidakt; erst Karl Philipp Moritz verhalf ihm zum Durchbruch mit der »Unsichtbaren Loge« 1793, in ihrem Anhang befindet sich »Das Leben des vergnügten Schulmeisterlein Maria Wuz in Auenthal« (entstanden 1790/91); aus Bewunderung für Jean Jacques Rousseau nannte er sich seitdem Jean Paul; durch den »Hesperus« 1795 wurde er populär; seine großen Erzählwerke erhoben den Roman in Deutschland zur führenden Literaturgattung; er wurde über die Weimarer Klassik und die romantische Schule hinaus zum wirkungsstärksten und beliebtesten Dichter seiner Zeit; auch theoretisch eigenständig gegenüber der Weimarer Klassik und Romantik; in seinen politischen Schriften verteidigte er die Französische Revolution bzw. die Girondisten, später kritisierte er den in den Befreiungskriegen modisch werdenden Nationalismus und Franzosenhaß; unter den Romantikern (vor allem Görres) und den Autoren des Vormärz (Ludwig Börne) rief er noch Begeisterung hervor, doch später wurde sein Werk mißachtet (Nietzsche) und vergessen; seit Stefan George (von ihm allerdings höchst einseitig verzerrt) wiederentdeckt; wissenschaftlich umfassend gewürdigt vor allem durch Eduard Berend und Max Kommerell; *132*

Thomas Jefferson, 1743–1826; Rechtsanwalt; 1769–1775 Mitglied der Bürgerversammlung von Virginia und 1775/76 des Kontinentalkongresses in Philadelphia; nach seinem »A summary view of the rights of British Americans« (1774) bestimmte ihn der Kongreß zum Verfasser der Unabhängigkeitserklärung vom 4. Juli 1776; 1779–1781 Gouverneur von Virginia; 1784 zusammen mit Benjamin Franklin und John Adams Handelsvertragsbevollmächtigter in Europa; 1785–1789 Gesandter in Paris; 1789–1793 erster US-Außenminister im Kabinett Washingtons; als Präsidentschafts-Kandidat unterlegen; 1797–1801 Vizepräsident unter John Adams; dann dessen Nachfolger; 1803 Kauf des Louisianna-Gebiets, wodurch das Gebiet der Vereinigten Staaten mehr als verdoppelt wurde; 1804 mit großer Mehrheit wiedergewählt; eine dritte Wahl 1809 lehnte er ab, blieb aber bis zu seinem Tode Ratgeber seiner Nachfolger Madison und Monroe; »Der Weise von Monticello« übte nachhaltigen Einfluß auf Politik und Geistesleben der Vereinigten Staaten aus; 1819 Gründer und erster Rektor der University of Virginia; seine Idee vom Schutz für die Unabhängigkeit der Einzelstaaten den Eingriffen der Bundesregierung gegenüber ist bis heute Leitmotiv amerikanischer Innenpolitik; *153*

Joh; SPD-Wahlkampfredner 1932 aus Berlin-Hennigsdorf; *69*

Friedrich P. Kahlenberg; Herausgeber »Festschrift für *Hans Booms*«; *FN 70 (Kap. 4)*

Jakob Kaiser, 1888–1961; Buchbinder; seit 1912 in der christlichen Gewerkschaftsbewegung aktiv, in der Weimarer Zeit deren führender Repräsentant; entschiedener Gegner der Nationalsozialisten; mit M. Habermann und *Wilhelm Leuschner* Leitung der gewerkschaftlichen Gruppe im Widerstand; Mittelpunkt eines Kreises von Regimegegnern, seit Ende 1941 auch enge Kontakte zu *Carl Goerdeler;* nach dem 20. Juli konnte Jakob Kaiser der Gestapo entkommen und mit Hilfe seiner späteren Frau und politischen Weggefährtin Elfriede Nebgen untertauchen; nach Kriegsende Mitbegründer und 1. Vorsitzender der CDU in Berlin und der SBZ (sowjetische Besatzungszone); 1947 von der SMA (Sowjetische Militäradministration) abgesetzt; 1948/49 Mitglied des Parlamentarischen Rates; 1949–1957 Bundestagsabgeordneter und Bundesminister für Gesamtdeutsche Fragen; bis 1958 stellvertretender Vorsitzender der CDU, dann Ehrenvorsitzender; als Vorsitzender der Sozialausschüsse Hauptrepräsentant des linken CDU-Flügels; Vorsitzender der im Juni 1954 gegründeten Vereinigung »Unteilbares Deutschland«; *182, FN 4 (Kap. 8)*

Albrecht von Kalckstein auf Knauten, gest. 1667; Generalleutnant; 1660 als preußischer Ständevorsteher Gegner des Großen Kurfürsten, verweigerte diesem hartnäkkig die Huldigung als souveränem Herzog, weil dieser sich weigerte den Ständen ihre althergebrachten Privilegien zu bestätigen; *FN 19 (Kap. 7)*

Christian Ludwig von Kalckstein, gest. 1672, hingerichtet; Oberst, Sohn des Obigen; setzte den Widerstand noch fort, als die Stände sich 1663 schon gefügt hatten; suchte Hilfe in Polen; nach seines Vaters Tod 1667 zurückgekehrt, angeklagt und verhaftet u. a. wegen Hochverrats, verurteilt zu lebenslänglichem Gefängnis, begnadigt zu einer Geldstrafe; flüchtete 1670 erneut nach Polen, suchte Hilfe für die preußischen Stände gegen den Kurfürsten; wurde vom brandenburgischen Residenten von Brandt in dessen Haus gelockt, geknebelt und im Dezember 1670 in Decken gerollt über die Grenze gebracht; am 9. Januar 1672 zum Tode verurteilt, am 8. November des Jahres in Memel hingerichtet; *161, FN 19 (Kap. 7)*

Dr. Ernst Kaltenbrunner, 1903–16. 10. 1946, hingerichtet; Schule in Linz, befreundet mit Adolf Eichmann; 1926 Promotion, Rechtsanwalt in Linz; aktiv in einer der ersten NS-Studentengruppen in Österreich; 1932 NSDAP und SS in Österreich, Rechtsberatungen für Mitglieder und Sympathisanten; 1934 verhaftet, im Mai 1935 wegen Verschwörung zu sechs Monaten Haft verurteilt, Verlust der Anwaltszulassung; 1935 Führer der SS in Österreich; nach Entlassung aus einer zweiten Haft enge Zusammenarbeit mit Seyß-Inquart; am 11. März 1938 umstellten SS-Einheiten unter seinem Befehl das Bundeskanzleramt in Wien, um den Rücktritt der Regierung Schuschnigg zu erzwingen; am selben Tag noch Staatssekretär für öffentliche Sicherheit in der Regierung Seyß-Inquart; am 13. März 1938, nach der Liquidierung Österreichs, SS-Brigadeführer, Führer des SS-Oberabschnitts Donau; Mitglied des Reichstags; im April 1941 Höherer SS- und Polizeiführer in der Ostmark im Range eines SS-Gruppenführers und Generalleutnants der Polizei; Aufbau eines Geheimdienstnetzes bis in den

Balkan; im Januar 1943 als Nachfolger Heydrichs Chef der Sicherheitspolizei und des SD sowie Chef des Reichssicherheitshauptamtes, er kontrollierte also sowohl die Gestapo wie den für die »Endlösung der Judenfrage« zuständigen Verwaltungsapparat; SS-Obergruppenführer; im Februar 1944 Übernahme des größten Teils des bis dahin von Admiral Canaris geleiteten militärischen Nachrichten- und Abwehrdienstes; gegen Ende 1944 versuchte Kaltenbrunner erfolglos über Allen Dulles, den Chef des US-Geheimdienstes in Europa, Kontakt zu den Alliierten aufzunehmen; bei Kriegsende verlegte er sein Hauptquartier in die »Alpenfestung« nach Altaussee in der Steiermark; von einer amerikanischen Militärpatrouille gefangengenommen, im Nürnberger Hauptkriegsverbrecherprozeß vor Gericht gestellt, am 1. 10. 1946 zum Tode verurteilt, im Nürnberger Kriegsverbrechergefängnis durch den Strang hingerichtet; ordnete brutalste Unterdrückungsmaßnahmen an, füllte die KZs mit immer neuen Häftlingen, organisierte die Jagd auf Millionen Juden zu ihrer Ermordung, verantwortlich für die Erschießung abgesprungener alliierter Flieger und anderer Kriegsgefangener, mitverantwortlich für die Evakuierungsmärsche aus den KZs mit ihren zahllosen Todesopfern; *79, 81, 145, FN 22 (Kap. 4)*

Wolfgang Kapp, 1858–1922; der Vater Friedrich Kapp, Revolutionär von 1848, lebte lange in New York, war später liberaler Reichstagsabgeordneter; der Sohn kam dreizehnjährig nach Deutschland; Jura-Studium, Promotion; preußische Verwaltungslaufbahn, u. a. Landrat in Guben 1891–1900, Vortragender Rat im Landwirtschaftsministerium 1900–1906; seit 1890 Gutsbesitzer in Preußisch Eylau; 1906 Wahl zum ostpreußischen Generallandschaftsdirektor; während des 1. Weltkrieges vertrat Kapp weitgespannte Kriegszielforderungen, verlangte verschärfte Kriegführung im Sinne eines »totalen Krieges; in seiner Denkschrift »Die nationalen Kreise und der Reichskanzler« 1916 griff er Bethmann-Hollweg scharf an, forderte den uneingeschränkten U-Boot-Krieg und einen »starken Frieden«, um so im Innern dem »demokratischen Sumpf« entgehen zu können; aus Protest gegen die Juliresolution der Reichstagsmehrheit (Ablehnung der Annexionspolitik, Verständigungsfrieden) gründete er gemeinsam mit dem Großadmiral Alfred von Tirpitz im September 1917 die Deutsche Vaterlandspartei, die seitdem bis Kriegsende maßgeblich die deutsche Politik bestimmte; Kapp als deren zweiter Vorsitzender propagierte den »Siegfrieden«; Februar 1918 Reichstagsabgeordneter; nach dem Scheitern seiner annexionistischen Politik und dem Zerfall der Deutschen Vaterlandspartei (10. 12. 1918) wechselte Kapp während der Novemberrevolution zur DNVP, seit Juli 1919 in deren Vorstand als Vertreter Ostpreußens; im Juni 1919 gründete er die Nationale Vereinigung als politisch-organisatorisches Zentrum zur Vorbereitung eines Putsches gegen die Weimarer Republik; propagierte eine mit Hilfe der Truppe errichtete Diktatur als Etappe auf dem Weg zu einem konservativen Staat; ein Befehl der Entente, die dem General von Lüttwitz, Chef des Berliner Reichswehrgruppenkommandos, unterstehende Marinebrigade des Kapitäns Ehrhardt aufzulösen, gab den Anlaß für seinen Putsch gegen die republikanische Reichsregierung Bauer, der in der Nacht zum 13. März 1920 deren Marsch nach Berlin und die widerstandslose Besetzung der Reichshauptstadt zur Folge hatte; Kapp erklärte die nach Dresden und Stuttgart fliehende Reichsregierung für abgesetzt, trat vom 13. bis zum 17. März als Reichskanzler auf, scheiterte jedoch am Generalstreik der Gewerkschaften; auch die meisten Ministerialbeamten verweigerten die Zusammenarbeit und die Reichsbank die Auszahlung von Geld; Flucht nach Schweden, wie auch Lüttwitz; 1922 stellte er sich schwerkrank dem Reichsgericht in Leipzig, mit keiner juristischen Bestrafung mehr rechnend; verstarb noch vor Prozeßbeginn in der Untersuchungshaft; die entscheidendsten Folgen des Kapp-Putsches waren eine verstärkte parteipolitische Polarisierung, und ein erneutes Aufleben revolutionärer Stimmung; eine unmittelbare Folge war der Aufstand der »Roten Armee« im Ruhrgebiet, niedergeschlagen von Freikorps und Reichswehr; das Verhalten der Reichsregierung in der Nacht zum 13. März dürfte dazu beigetragen haben, daß die Parteien der »Weimarer Koalition« (SPD, Zentrum, DDP) bei den nächsten Reichstagswahlen am 6. Juni 1921 ihre Mehrheit verloren, die sie auch bis zum Ende der Weimarer Republik nicht wiedererlangten; *72, 131*

Ursula von Kardorff, 1911–1988; 1938–1939 Hardenbergs Sekretärin; Redaktionsmitglied der zum NSDAP-eigenen Deutschen Verlag gehörenden DAZ (Deutsche Allgemeine Zeitung), schrieb auch für *Goebbels* Renommierblatt »Das Reich«; für die Süddeutsche Zeitung nahm sie am Nürnberger Prozeß teil; »Berliner Aufzeichnungen«, München 1976; *107, 132–133, 136–143, 145, 169, 170, 174–175, 180, FN 44 (Kap. 5), FN 40–43, 50–51, 69–75, 80–83, 87–88, 90–91, 94, 102 (Kap. 6), FN 48, 55, 69 (Kap. 7)*

Klaus von Kardorff; Bruder der Obigen; Oberleutnant; *141*

Siegfried Kasche, 1903 – 19. Juni 1947, hingerichtet; 1926 NSDAP, stellvertretender Gauleiter der Ostmark; ab 1930 Reichstagsabgeordneter für Frankfurt/Oder; 1932 SA-Gruppenführer der Ostmark, in Tzschetzschnow, Kreis Lebus; er verdankte Leben und Karriere im Dritten Reich den Cliquenkämpfen unter den höchsten NS-Führern; eigentlich hatte Kasche nämlich bei dem angeblichen *Röhm*-Putsch 1934 mit erschossen werden sollen, doch als die SS mit den Untergebenen des damaligen preußischen Ministerpräsidenten *Göring* in Streit geriet, gelang es Kasche, sich von *Göring* retten zu lassen, so wie dieser, obwohl er die Morde selbst mitinszeniert hatte, auch einige wenige andere rettete; April 1941 deutscher Gesandter im bestialisch antisemitischen Kroatien; *Ribbentrop* hatte damals die Balkan-Posten ausschließlich mit höheren SA-Führern besetzt, die das *Röhm*-Massaker 1934 knapp überlebt, aber nie vergessen hatten; 1943 SA-Obergruppenführer, Außerordentlicher und Bevollmächtigter Minister in Kroatien; die Gesandtschaft in Agram war aber nur ein Warteposten; Rosenberg, Reichsminister für die besetzten Ostgebiete, besetzte seine Pfründen ebenfalls nur mit entschiedenen SS-Gegnern und hatte Kasche vorgesehen als Reichskommissar für das nie errichtete Reichskommissariat Moskau; verurteilt und in Belgrad hingerichtet; *146–147*

Wilhelm Keitel, 1882 – 16. Oktober 1946, hingerichtet; nach dem Abitur 1901 Fahnenjunker; 1914 Batterie-Führer; 1915 Hauptmann i.G.; 1917 1.Generalstabsoffizier des Marinekorps Flandern; schwer verwundet; nach 1918 zeitweilig im Stab Grenzschutz Ost; 1919 2. Generalstabsoffizier der Reichswehrbrigade 10 in Hannover; nach verschiedenen

Kommandos, zeitweilig auch schon im Reichswehrministerium, 1930 Chef der Heeresorganisationsabteilung im Truppenamt bis zu seiner Beförderung zum Generalmajor 1934, in dieser Funktion 1932–1934 maßgeblich und initiativreich an den Vorplanungen zur Heeresvergrößerung beteiligt; 1935 Chef des Wehrmachtsamtes im Reichskriegsministerium; 1936 Generalleutnant; 1937 General der Artillerie; nach der Entlassung des Reichskriegsministers *von Blomberg* und des Oberbefehlshabers des Heeres *Freiherr von Fritsch* im Februar 1938 Chef des OKW (Oberkommando der Wehrmacht); November 1938 Generaloberst; April 1939 Goldenes Parteiabzeichen; im Juni 1940 leitete er die Waffenstillstandsverhandlungen in Compiègne (Entgegennahme der französischen Kapitulation); Juli 1940 Generalfeldmarschall; ursprünglich gegen den Überfall auf die Sowjetunion, Rücktrittsgesuch, blieb aber dann im Amt; Keitel war *Hitlers* vertrautester militärischer Berater, an allen bedeutenderen strategischen Entscheidungen beteiligt; unfähig *Hitler* gegenüber eine abweichende Meinung zu vertreten, der Typus des »bequemen Untergebenen«, der »die Gepflogenheiten der Gestapo« als gegebene Tatsachen hinnahm; im Offizierskorps als Lakai-tel verspottet wegen seiner servilen Beflissenheit *Hitler* gegenüber und seiner byzantinischen Lobhudelei; nach dem Sieg im Westfeldzug hatte er *Hitler* beispielsweise als »größten Feldherrn aller Zeiten« bezeichnet, was zu einem seitdem ständig wiederholten Epitheton *Hitlers* wurde, im Volksmund abgekürzt zum »GröFaZ; seit Kriegsbeginn hatte Keitel unwidersprochen auch Befehle zum Massenmord weitergegeben, angefangen von den Anordnungen zur Ausrottung der polnischen Intelligenz, Aristokratie und Geistlichkeit über den berüchtigten »Nacht-und-Nebel-Erlaß« vom 7. Dezember 1941 bis zur Verteidigung der Einsatzgruppenmorde am 16. Dezember 1942 (die Truppe sei »berechtigt und verpflichtet in diesem Kampf ohne Einschränkung auch gegen Frauen und Kinder jedes Mittel anzuwenden, wenn es zum Erfolg führt. Rücksichten« seien »ein Verbrechen gegen das deutsche Volk«.); diese Willfährigkeit machte auch andere Generäle mundtot; am 8. Mai 1945 unterzeichnete er im sowjetischen Hauptquartier in Berlin-Karlshorst die bedingungslose Kapitulation der deutschen Streitkräfte; am 13. Mai 1945 in Flensburg verhaftet; im Nürnberger Hauptkriegsverbrecher-Prozeß wurde er am 1. 10. 1946 wegen Planung und Führung eines Angriffskrieges, Kriegsverbrechen und Verbrechen gegen die Menschheit zum Tode durch den Strang verurteilt und am 16. 10. 1946 im Nürnberger Kriegsverbrecher-Gefängnis hingerichtet; *99, 110–111, 130, 154, 180*

Luise Keitel; Frau des Obigen; *99*

Fritz Kemnitz, geb. 1889; aus Neuhardenberg; *176–178*

Ilse Kemnitz; Tochter des Obigen; *95* (Blumen streuend vor dem Brautpaar), *178*

Keudell; brandenburgisches Geschlecht; *65*

Friedrich Karl Klausing, 1920 – 8. August 1945, hingerichtet; 1933 als Mitglied der christlichen Pfadfinder in die HJ eingegliedert; im Herbst 1938 nach dem Abitur Fahnenjunker im Infanterie-Regiment 9; Teilnahme am Polen- und Westfeldzug; EK I, Ernennung zum Offizier; im Winter 1942/43 während der Kämpfe um Stalingrad schwer verwundet; nach einer weiteren Verwundung 1943 zum Innendienst beim OKW (Oberkommando der Wehrmacht) versetzt; Hauptmann, Deutsches Kreuz in Gold; *Fritz von der Schulenburg* gewann ihn für den Widerstand; Adjutant *Stauffenbergs,* begleitete ihn am 15. Juli 1944 bei dessen erstem Attentatsversuch; am 20. Juli 1944 war er in der Bendlerstraße u. a. für die Übermittlung der Walküre-Befehle mitverantwortlich; informierte seine wartenden Freunde, unter ihnen *Hardenberg, Hammerstein* und *Oppen;* nach der Verhaftung und Ermordung Stauffenbergs konnte Klausing zunächst entkommen, sich bei Freunden verstecken, doch am nächsten Morgen stellte er sich, um sich zu *Stauffenberg* und dessen Einsatz zu bekennen in der Bendlerstraße; im ersten Schauprozeß vor dem Volksgerichtshof am 8. August 1944 zum Tode verurteilt, noch am gleichen Tag in Plötzensee ermordet; *146, 171*

Ewald (Chistian) von Kleist, 1715–1759; Gutsbesitzerssohn; Gymnasium in Danzig, 1731 Studium in Königsberg; 1736 dänischer, 1740 preußischer Offizier; in der Garnison Potsdam Bekanntschaft mit Gleim und Ramler, in Berlin mit Nicolai, von ihnen zur Lyrik angeregt; 1744/45 im böhmischen Feldzug; 1749 Hauptmann; 1752/53 preußischer Werbe-Offizier in der Schweiz; in Zürich Bekanntschaft mit Bodmer, Breitinger, Hirzel und Gessner; 1756 Major; 1758 in Leipzig enge Freundschaft mit Lessing (Vorbild für dessen Tellheim in der »Minna von Barnhelm«, Adressat der »Briefe die neueste Literatur betreffend«); Bekanntschaft Gellerts und Weißes; 1758 auf dem österreichischen, 1759 erst auf dem französischen, dann auf dem russischen Kriegsschauplatz; in der Schlacht von Kunersdorf verwundet, starb er wenige Tage später in Frankfurt/ Oder; Philosoph, Naturdichter der Aufklärung, beeinflußt von Klopstock; *68*

Heinrich von Kleist, 1777–1811, Freitod; Großneffe *Ewald von Kleists;* mit 15 Jahren in den preußischen Militärdienst, den er 1799 aus innerer Abneigung wieder verließ; Teilnahme an der Belagerung von Mainz 1793 und am Rheinfeldzug 1796; Bekanntschaft mit Fouqué; seit Herbst 1800 zahlreiche Reisen; Reiseaufenthalte führten zu wichtigen Freundschaften, z. B. mit Salomon Gessner, Heinrich Daniel Zschokke und mit Christoph Martin Wielands Sohn Ludwig, sie gaben den Anstoß, sich als Schriftsteller zu versuchen; Ende 1803/1804 seelischer Zusammenbruch in Paris; seine für einen preußischen Offizier verdächtige Reise in das napoleonische Frankreich führte zur Rückbeorderung nach Potsdam; ab 1804 arbeitete Kleist zunächst im preußischen Finanzdepartment, dann in der Finanzverwaltung in Königsberg/Preußen; Krankheit und die Wirren der Napoleonischen Kriege machten diesen letzten Versuch zunichte, sich in ein konventionelles, standesgemäßes Leben zu fügen; auf dem Weg nach Berlin geriet Kleist am 30. Januar 1807, als Spion verdächtigt, in französische Gefangenschaft; erst nach dem Tilsiter Frieden im Juli 1807 konnte er aus Frankreich heimkehren; August 1807 – April 1809 in Dresden, Verkehr mit Tieck, Varnhagen, Herausgabe des »Phoebus« mit dem sinnverwandten konservativ-romantischen Adam Müller; Februar 1810 zurück nach Berlin, Herausgabe der »Berliner Abendblätter«, zunächst erfolgreich, doch dann wegen Zensurschwierigkeiten eingestellt; Mitglied der Christlich-Teutschen Tischgesellschaft; trotz der Uraufführung seines »Käthchen von Heilbronn« und der Herausgabe seiner Erzählungen geriet Kleist in finanzielle Schwierigkeiten und persönliche Isolierung; unter dem Eindruck der politischen Niederlage der Nation, verstärkt durch das Gefühl seines persönlichen Scheiterns als Dichter und Journalist, erschoß sich Kleist nach sorgfältiger Planung des Doppelselbstmords am 21. November 1811 am Wannsee gemeinsam mit der unheilbar kranken Henriette Vogel, zu der er im Herbst des Jahres eine enge persönliche Beziehung aufgebaut hatte; bedeutendster, durchaus eigenständiger Dramatiker, Erzähler und Lyriker zwischen Klassik und Romantik; Dichter des absolut gesetzten Gefühls; der Erzähler Kleist bewegte sich zwar in den Kreisen der Berliner Romantik, stand aber deren ästhetischen und gesellschaftspolitischen Reflexionen eher kritisch gegenüber; ebenso deutlich unterscheiden sich seine Dramen von der Klassik (Tragik »eigensinniger« Individuen, vom Verstand nicht mehr kontrollierte Leidenschaften); Nietzsche, Kafka, Rilke, Thomas Mann verstanden ihn als einsamen, unzeitgemäßen Dichter (außerhalb der Literaturströmungen seiner Zeit), während ihn sowohl wilhelminische Konservative als auch die Nazis für ihr nationalistisch-chauvinistisches Kulturverständnis zu vereinnahmen suchten; *9, 25*

Ewald Freiherr von Kleist-Schmenzin, 1890 – 9. April 1945, ermordet; Jurist und Großgrundbesitzer; Monarchist, christlich geprägter Konservativer, zunächst der DNVP und dem Stahlhelm nahestehend; Vorsitzender im preußischen Hauptverein der Konservativen; in der Endphase der Weimarer Republik bekämpfte er mit Entschiedenheit den Nationalsozialismus und versuchte, *Hitlers* Regierungsübernahme zu verhindern; warnte Hindenburg und die Generäle der Reichswehr vor *Hitler* und warnte *Hugenberg* davor, mit *Hitler* die Harzburger Front zu bilden (»Wenn Sie ein Bündnis mit *Hitler* eingehen, verspielen Sie Ihre Ehre!«); verfaßte und verbreitete 1932 ein hellsichtiges scharf formuliertes Flugblatt; Mitte Januar 1933 erneut bei *Hindenburg,* um diesen dafür zu gewinnen, *Hitler* nicht zum Kanzler zu berufen, was auch dessen eigener Überzeugung entsprach (»Das kann und darf ich ...nicht. Das verbietet mir mein Pflichtgefühl und mein Verantwortungsbewußtsein. Er ist doch kein Staatsmann. Na, Postminister meinetwegen.«); blieb vom 28. – 30. Januar 1933 in Papens Wohnung, weil er diesem mißtraute, erlebte so, wie dieser *Hindenburg, Hugenberg* und die Konservativen betrog; im Mai und Juni 1933 zweimal verhaftet; Juni 1934 auf der Mordliste zum sogenannten *Röhm*-Putsch; Kleist hatte damit gerechnet, vorsichtshalber das Haus verlassen und sich auf langsamen Wegen nach Berlin begeben, wo er bei Ernst Niekisch untertauchte; zahlreiche Auslandskontakte für die Verschwörung, so in *Becks* Auftrag im August 1938 (Münchener Konferenz) zu *Churchill;* 1942/43 Kontakt zu *Goerdeler,* Unterstützung des Staatsstreichs; eingeweiht in *Stauffenbergs* Pläne, billigte das Attentat, an dem sich sein Sohn *Ewald-Heinrich* aktiv beteiligte; vorgesehen als Politischer Beauftragter für den Wehrkreis II (Stettin) und als 2. Politischer Beauftragter für Pommern; am 21. Juli 1944 verhaftet, am 3. Februar 1945 vorm Volksgerichtshof, während der Sitzung wurde *Freisler* bei einem Luftangriff von einem Balken erschlagen; am 15. März 1945 zum Tode verurteilt, am 9. April 1945 mittels Guillotine in Plötzensee ermordet; Johanniterorden, Casino-Gesellschaft; *86, 175, 193*

Ewald Heinrich Freiherr von Kleist, geb. 1922; Sohn des Obigen; Oberleutnant im Infanterie-Regiment 9; auf Stauffenbergs Bitte und Zuraten seines Vaters bereit, sich im Februar 1944 anläßlich einer Uniform-Vorführung mit *Hitler* zusammen in die Luft zu sprengen, der Anschlag mißlang wie der vorige Versuch von *Axel von dem Bussche;* nach dem 20. Juli 1944 verhaftet, Ende des Jahres freigelassen; Verleger, Johanniterorden; *142–143, 145–146, 208*

Berndt von Kleist; Oberst i. G. im Stab der Heeresgruppe Mitte bei Henning von *Tresckow; 128, 155*

Hans Günther von Kluge, 1882–17. August 1944, Freitod; seit 1901 Offizier; im 1. Weltkrieg Generalstabsoffizier; Reichswehr; rasche Karriere, vor allem seit 1933; September 1933 Generalmajor, Inspekteur der Nachrichtentruppen; April 1934 Generalleutnant; September 1934 Befehlshaber im Wehrkreis VI Münster; 1936 General der Artillerie; 1939 Generaloberst; im Polen- und Westfeldzug und zu Beginn des Ostfeldzuges Oberbefehlshaber der 4. Armee; Juli 1940 Generalfeldmarschall; beim Überfall auf Rußland mit der 4. Armee bis zum Rande Moskaus, dann von sowjetischem Gegenstoß zurückgeschlagen; am 18. Dezember 1941 als Nachfolger *Bocks* Oberbefehlshaber der Heeresgruppe Mitte; zu seinem 60. Geburtstag (30. Oktober 1942) von *Hitler* Dotation von einer Viertelmillion; vom Widerstand zunächst erfolglos angesprochen; am 3. Juli 1944 als Nachfolger von Rundstedt Oberbefehlshaber West und der Heeresgruppe D, dann auch der Heeresgruppe B an der Invasionsfront in der Normandie; sein schwankender Opportunismus zeigte sich besonders deutlich dem Widerstand gegenüber; bei Erfolg des Attentats hatte *Kluge* Unterstützung zugesagt; am 20. Juli abends von *Hofacker* und *Stülpnagel* in seinem Hauptquartier über die erfolgreiche Aktion in Paris unterrichtet, forderte *Kluge,* der aus dem Führerhauptquartier bereits wußte, daß *Hitler* überlebt hatte, die sofortige Rücknahme der Befehle, enthob *Stülpnagel* seines Postens und unterrichtete selber das Führerhauptquartier; am 17. August 1944 von *Hitler* seines Postens enthoben wegen militärischer Fehler und weil er die Verschwörung nicht rechtzeitig aufgedeckt habe; zwei Tage später Selbstmord aus Angst vor drohender Verhaftung und der Verurteilung zum Tod durch den Strang; in einem Abschiedsbrief brachte er ein letztes Mal seine Bewunderung für *Hitlers* Größe zum Ausdruck und versicherte ihm seine »Treue bis zum Tode«, beschwor ihn aber gleichzeitig, diesem »Schrecken ein Ende zu bereiten«.; *81, 109, 128, 190–191*

Magnus von Knebel-Döberitz; Major, Ia der 24. Panzer-Division; *135–136*

von dem Knesebeck; Frühjahr 1914 in Döberitz, Offizier im 1. Bataillon des 1. Garderegiments zu Fuß; *33*

Herbert Koeller, gestorben 1945; Mitglied der Bekennenden Kirche; von Hardenberg gegen das Konsistorium durchgesetzter Pfarrer in Neuhardenberg; *90–92, 176–177*

Friedrich Konzak; Holzarbeiter aus Mochlitz; *44*

O. Kopp; »Widerstand und Erneuerung. Neue Berichte und Dokumente vom inneren Kampf gegen das Hitler-Regime«, darin auch: »Das verschwiegene Gute im Kampf gegen das Hitler-Regime«, o.O. 1966; *FN 16 (Kap. 4)*

Heinz Körtke; aus Friedersdorf; *97*

Ernst-August Köstring; General der Kavallerie; Militärattaché in Moskau beim Botschafter *Werner*

Graf von der Schulenburg; 133
Kraft; Bücherrevisor von *Otto Graf v.d. Schulenburg-Lieberose, 43*
Joachim Kramarz; »Claus Graf Stauffenberg- 15. November 1907 – 20. Juli 1944 – Das Leben eines Offiziers«, Frankfurt/Main 1965; *FN 15a (Kap. 6)*
Anna Kranz; Landarbeiterin aus Lietzen, *57*
Ernst Eberhard von Krieger; aus Potsdam; Kommandant des Stabsquartiers Jahnsfelde, 10 Kilometer von Neuhardenberg entfernt; *177*
Hans Kreutzberger; Landrat vom Kreis Lebus; *97, 159*
Dr. Lothar Kreyßig; 1928 Landgerichtsrat; fachlich stets gute Beurteilungen; seit Frühjahr 1934 Anlaß zu dienstlichen Beanstandungen wegen seiner Mitgliedschaft in der Bekennenden Kirche, vorübergehend deren sächsischer Präses; hatte öffentlich gegen die Suspendierung dreier Richter nach dem Berufsbeamtengesetz protestiert und eine Feier anläßlich der Enthüllung einer Hitler-Büste in seinem Gericht vorzeitig verlassen; im März 1936 verlangte der Gauleiter und Reichsstatthalter von Sachsen seine Entlassung; im Sommer 1937 dienstrechtlich ermahnt wegen Verteilens von Flugblättern der Bekennenden Kirche; wegen Kritik an der NS-Kirchenpolitik (sie bediene sich des Rechtsscheins formaler Geordnetheit) wurde ein förmliches Dienststrafverfahren mit dem Ziel seiner Entlassung gegen ihn eingeleitet; nach öffentlichem Protest im Juni 1938 gegen die Verhaftung Martin Niemöllers gab es ein staatsanwaltliches Ermittlungsverfahren wegen »Kanzelmißbrauchs« und Verstoßes gegen das Heimtückegesetz; Als Kreyßig, inzwischen auf eigenen Wunsch Amtsrichter in Brandenburg/Havel und auch dortiger Vormundschaftsrichter, erfuhr, daß entmündigte Geisteskranke heimlich aus der Heilanstalt Brandenburg-Göhrden fortgeschafft und getötet wurden, bat er in einem Brief an den Kammergerichtspräsidenten um »Aufklärung und Rat« (»Recht ist, was dem Volke nützt, im Namen dieser furchtbaren, von allen Hütern des Rechts noch immer unwidersprochenen Lehre sind ganze Gebiete des Gemeinschaftslebens [vom Recht] ausgenommen, vollkommen z. B. die Konzentrationslager, vollkommen nun auch die Heil- und Pflegeanstalten«); Kreyßig wurde daraufhin ins Reichsjustizministerium befohlen, wo sich Staatssekretär *Freisler* seine Beschwerden persönlich anhörte, ihn aber nicht umstimmen konnte; in seiner Funktion als Vormundschaftsrichter verbot Kreyßig anschließend schriftlich verschiedenen Krankenanstalten, seine Mündel ohne seine Zustimmung zu verlegen; außerdem erstattete er bei der Staatsanwaltschaft Potsdam Strafanzeige wegen Mordes gegen Reichsleiter Bouhler, den *Freisler* ihm als Verantwortlichen für die Massenmorde der Euthanasie-Aktion genannt hatte; er wurde erneut ins Ministerium zitiert, Reichsjustizminister Gürtner versuchte persönlich, ihn davon zu überzeugen, daß die Aktion als »Führerbefehl« rechtmäßig sei; wenn er »den Willen des Führers als Rechtsquelle« nicht anerkenne, sei er als Richter untragbar; wenig später teilte Kreyßig dem Justizminister schriftlich mit, sein Gewissen erlaube ihm nicht, die richterliche Anordnung an die Heilanstalten zurückzuziehen, und bat selbst um vorzeitige Pensionierung; am 10. Dezember 1940 wurde er einstweilig, am 4. März 1942 endgültig – unter Wahrung seiner Gehaltsansprüche – in den Ruhestand versetzt; im April stellte man die gegen ihn eingeleiteten Verfahren ein; das »Dritte Reich« ließ ihn hinfort unbehelligt; *FN 78 (Kap. 6)*
Christian Graf von Krockow; »Fahrten durch die Mark Brandenburg. Wege in unsere Geschichte«, Stuttgart 1991; *FN 59 (Kap. 7)*
Michael Krüger-Charlé, geb. 1949; wissenschaftlicher Angestellter, Universität Bochum; »Carl Goerdelers Versuche der Durchsetzung einer alternativen Politik 1933 bis 1937«. In: Schmädecke, Jürgen/Steinbach, Peter, Der Widerstand gegen den Nationalsozialismus. München 1985/86; *FN 15a (Kap. 6)*
Friedrich Krupp, 1787–1826; 1811 Gründer der Gußstahlfabrik in Essen, aus der der Krupp-Konzern, Deutschlands führendes Unternehmen der Montan-Industrie, hervorging; *FN 16 (Kap. 4)*
Rudolf Küstermeier, 1903–1977; in Weimar führend in der sozialistisch-pazifistischen Studentenbewegung; Gründer des deutsch-französischen Jugendaustauschs; Journalist und Publizist; bereits seit Oktober 1932 auf die künftige Illegalität vorbereitet, Herausgabe der Flugschrift »Roter Stoßtrupp«; am 29. November 1933 wegen illegaler politischer Tätigkeit verhaftet, im August 1934 vom Volksgerichtshof zu zehn Jahren Zuchthaus verurteilt; nach Strafverbüßung durch mehrere KZs geschleppt, am 15. April 1945 von britischen Truppen in Belsen befreit; 1946–1950 Chefredakteur der »Welt«, Blatt der britischen Militärregierung; danach freiberuflich tätig für Presse und Rundfunk; Mitbegründer der Aktion »Friede mit Israel« und der »Gesellschaft für christlich-jüdische Zusammenarbeit« in Hamburg; ab 1957 Israel-Korrespondent, erst für dpa und WDR/NDR, ab 1968 vorwiegend für den Deutschlandfunk; 1962 Theodor-Wolff-Preis, 1963 Carl-von-Ossietzky-Medaille; *166, FN 26 (Kap. 7)*

Richard Lakowski; »1945 – Das Jahr der endgültigen Niederlage der faschistischen Wehrmacht. Dokumente« ausgewählt und eingeleitet von *Gerhard Förster* und Richard Lakowski; Berlin 1985; *FN 66 (Kap. 7)*
Professor Landrois; Hardenbergs Chirurg, Berliner Elisabeth-Krankenhaus; *35, 158–159*
Carl Gotthard Langhans der Ältere, 1732–1808; aus Schlesien, seit 1786 in Berlin; 1788 Direktor des Oberhofbauamtes; einer der ersten Frühklassizisten; Hauptwerke: das Brandenburger Tor und das alte Schauspielhaus auf dem Gendarmenmarkt zwischen Deutschem und Französischem Dom; *24*
Gideon Ernst Freiherr (seit 1759) **von Laudon,** 1717–1790; gebürtiger Livländer aus ursprünglich schottischer Familie, 1732 mit sechzehn in russische Dienste; *Friedrich II.* lehnte sein Gesuch auf Übernahme in preußische Dienst ab, einer seiner schwerwiegendsten Fehler; Laudon wäre gerne Preuße geworden, wenn man ihn nur gelassen hätte; trat dann 1742 in österreichische Dienste, zuerst 1744 Hauptmann im slawonischen Freikorps Trencks, schwer verwundet; dann Major bei einer Grenzeinheit in Kroatien; 1745 bei Hohenfriedeberg (2. Schlesischer Krieg); nach Kolin 1757 Generalmajor; nach seiner Aufhebung der Belagerung von Olmütz im Juni 1758 durch Wegnahme der gesamten preußischen Bagage bei Domstadtl Feldmarschall-Leutnant; nach Hochkirch im Oktober 1758 Freiherr und Großkreuz des Maria-Theresienordens; nach seinem Sieg bei Kunersdorf 1759 Feldzeugmeister; 1760 schlug er Fouqué bei Landeshut, stürmte Glatz, wurde bei Liegnitz von *Friedrich II.* geschlagen; 1761 nahm er durch einen Handstreich

das wichtige Schweidnitz; trotzdem erhielt er 1762 kein Kommando, strebte daraufhin wieder den Übertritt in preußische oder auch sächsische Dienste an; 1766 in den Hofkriegsrat berufen, Generalinspekteur der österreichischen Infanterie; 1769 Generalkommandant in Mähren; 1778 Feldmarschall; nach dem Bayrischen Erbfolgekrieg zog er sich zurück; 1788 erhielt er den Oberbefehl gegen die Türken; 1789 eroberte er Türkisch Gradisca, nahm im Oktober Belgrad ein und beendete den Feldzug glorreich als Generalissimus; 1790, kurz vor seinem Tode, erhielt er den Oberbefehl über die gegen Preußen zusammengezogene Armee; *65*

Wilhelm Ritter (seit 1915) **von Leeb,** 1876–1956; 1895 Fahnenjunker; 1900 freiwillig zum deutschen Ostasienkorps; 1903 bayrische Kriegsakademie; 1909 Großer Generalstab; im 1. Weltkrieg im Generalstab; 1919 Freikorps-Kämpfer gegen die Münchener Räterepublik; Reichswehr; 1930 Generalleutnant; 1930 Befehlshaber im WehrkreisVII in München; 1933 Oberbefehlshaber Gruppenkommando 2 in Kassel; 1934 General der Artillerie; im März 1938 Abschied als Generaloberst; während der Sudeten-Krise reaktiviert; 1939 Oberbefehlshaber der Heeresgruppe C; Juli 1940 Generalfeldmarschall; Juni 1941 Oberbefehlshaber der Heeresgruppe Nord; nach anfänglichem Erfolg beantragte er im Winter Rückzug aus dem Gebiet um Leningrad; das wurde ihm verweigert; ihm wurde bedingungsloses Halten der eingenommenen Stellungen befohlen, sogar vorgeschrieben, wie die einzelnen Regimenter einzusetzen seien; bat daraufhin im Januar 1942 um seinen Abschied; am 2. Mai 1945 verhaftet, in Nürnberg vor Gericht gestellt; am 28. Oktober 1948 u. a. wegen Weitergabe des Kommissar-Befehls zu drei Jahren Gefängnis verurteilt, durch Untersuchungshaft verbüßt; *126*

Lechler; Briefpartner Hardenbergs; *FN 84 (Kap. 3)*

Heinrich Graf von Lehndorff, 1909 – 4. September 1944, ermordet; seit 1936 Gutsbesitzer von Steinort/Preußen; nach dem Polenfeldzug in Bocks Stab versetzt; Lehndorff war Augenzeuge des Massakers von Borissow, Ermordung der dortigen Juden durch Einsatzgruppen – siehe FN 37 (Kap.5); Tresckow gewann ihn für den Widerstand; Lehndorff sollte der Verbindungsoffizier für den Wehrkreis I Königsberg/Preußen sein; Oberleutnant der Reserve; am 21. Juli festgenommen; am 3. September 1944 vom Volksgerichtshof unter Roland Freisler zum Tode verurteilt, am Tage darauf in Plötzensee ermordet; *104–105, 128, 129, 144, 169–170, 175*

Hans Graf von Lehndorff, 1920–1987; »Die Insterburger Jahre. Mein Weg zur Bekennenden Kirche«, München 1992; auch: »Ostpreußisches Tagebuch, Aufzeichnungen aus den Jahren 1945–1947«; *FN 78 (Kap. 6)*

Lejkin; sowjetischer Oberst; beaufsichtigte die Ortsumbenennung Neuhardenberg in Marxwalde; *192*

Peter Joseph Lenné, 1789–1866; erlernte die Gärtnerei im Botanischen Garten von Paris, beschäftigte sich auch mit der Baukunst; 1816 nach Sanssouci berufen, 1854 zum Generaldirektor der Königlichen Gärten ernannt; hat die Gärten fast aller preußischen Schlösser sowie den Berliner Tiergarten neu angelegt; durch seine Initiative entstanden Gärtnerlehranstalten und Gartenbau-Hochschulen; *25, 27*

Lestwitz; brandenburgisches Geschlecht; *65*

Hans Sigismund von Lestwitz, 1718–1788; 1734 als Fahnenjunker in die Armee; in den beiden Schlesischen Kriegen u. a. bei Mollwitz, Chotusitz, Hohenfriedberg und Soor mit Auszeichnung dabei; erhielt gleich zu Beginn des Siebenjährigen Krieges bei Lobositz den Pour le mérite; 1757 Major; im November 1760 war die preußische Armee bei Torgau eigentlich schon geschlagen, der König, verwundet und matt, war im Begriffe das Schlachtfeld zu verlassen, als er Lestwitz bemerkte, der dabei war, Mannschaften zu sammeln und zu formieren; als am Abend Ziethen die österreichische Front angriff, unterstützten die drei von Lestwitz gebildeten Bataillone zusammen mit den vier Bataillonen der Reserve diese Attacke durch einen Flankenangriff und entschieden damit den Tag; und wie der König versprochen hatte, vergaß er das Lestwitz nie; 1763 war der Besitz des Markgrafen Karl von Schwedt nach dessen Tode an die Krone zurückgefallen und noch im gleichen Jahr wurde er, unmittelbar nach dem Kriege, auf Anweisung des Königs zu gleichen Teilen, den Oberstleutnants Lestwitz und Prittwitz als Dotation gegeben; Lestwitz erhielt Friedland; er hatte keine Söhne und hatte deswegen das benachbarte Cunersdorf dazugekauft, um es bei seinem Tode seiner Tochter hinterlassen zu können, denn Lehen wurden nur in der männlichen Linie weitervererbt und fielen danach an die Krone zurück, doch der König beruhigte Lestwitz: »Es soll alles seiner Tochter verbleiben.« 1765 Oberst, 1766 Chef des Leib-Grenadier-Bataillons, 1767 Generalmajor; den bayrischen Erbfolgekrieg machte er noch mit; wohl unmittelbar danach nahm er 1779 seinen Abschied; seine Tochter Helene Charlotte war die berühmte Frau von Friedland, von der Ludwig von der Marwitz und Fontane ein so lebendiges Bild hinterlassen haben; *13 FN 1a (Kap. 1)*

Wilhelm Leuschner, 1888 – 29. September 1944, ermordet; Ofensetzersohn, Volksschule, Holzbildhauer; bereits in seiner Jugend in die SPD; frühzeitig aktiv in der Gewerkschaftsbewegung; nach dem Krieg (Militärdienst 1916–1918) Heimkehr nach Darmstadt; 1919 Vorsitzender des Gewerkschaftskartells für Darmstadt und Umgebung; 1919–1928 Stadtverordneter; seit Dezember 1924 hessischer Landtagsabgeordneter; 1926–1928 ADGB-Bezirkssekretär (Allgemeiner Deutscher Gewerkschaftsbund) für Hessen und Hessen-Nassau, dann Sekretär im ADGB-Bundesvorstand; seit Februar 1928 hessischer Innenminister (SPD), beteiligt an der Publikation der »Boxheimer Dokumente«, in denen die Nazis sehr detailliert die Planung für den Justizterror eines künftigen NS-Regimes aufgeführt hatten; 1932 stellvertretender Vorsitzender des ADGB; November 1932 bis Februar 1933 Mitglied des Verwaltungsrats des Internationalen Arbeitsamtes; Januar 1933 Mitglied des Bundesvorstands des ADGB; am 2. Mai 1933 bei der Besetzung der Gewerkschaftshäuser im ADGB-Haus von *Robert Ley* verhört, auf dessen Anweisung verhaftet, im Keller des Antikriegsmuseums in der Parochialstraße mehrere Tage und Nächte von der SA mißhandelt, dann ins Gefängnis Plötzensee in den Zellenbau nahe der Hinrichtungsstätte eingeliefert; überraschend freigelassen und gezwungen, Anfang Juni 1933 mit *Robert Ley* zur ILO-Tagung (Internationales Arbeitsamt) nach Genf zu fahren, um dort den Anspruch von *Leys* DAF (Deutsche Arbeitsfront) auf den deutschen Sitz zu vertreten, die DAF im Ausland hoffähig zu machen; Leuschner ergriff jedoch nicht das Wort (sein »mutiges Schweigen« beeindruckte alle sehr), doch in den Besprechungen der Arbeitnehmergruppe machte er seinen Freunden klar, daß sich an seiner alten Einstellung nichts geändert habe; am 23. Juni auf der Rückreise beim Grenzübertritt von der Gestapo verhaftet, bis November 1933 im Zuchthaus Rockenberg (Hessen), dann in den emsländischen Moorlagern (KZs Börgermoor und Lichtenburg); nach seiner Freilassung im Juni 1934 gelang es ihm, 1935 in Berlin-Schöneberg eine kleine Werkstatt für einen neuen Bierflaschenverschluß zu eröffnen, dessen Patent ihm sozialistische Freunde zur Verfügung gestellt hatten; dort waren fast ausschließlich politische Freunde und Kollegen aus der Gewerkschaftsbewegung beschäftigt, zum Beispiel Hermann Maaß, bis 1933 Geschäftsführer des Reichsausschusses deutscher Jugendverbände, ebenfalls ermordet; Wiederherstellung seiner Verbindung zu Julius Leber, auch ermordet, und *Jakob Kaiser;* ausgedehnte Geschäftsreisen dienten dazu, Verbindung zu alten Freunden wiederherzustellen und zu anderen Gegnern des Regimes und um ein Netz von Widerstandszellen über ganz Deutschland zu knüpfen; von dieser Werkstatt aus begann er den gewerkschaftlichen Widerstand zu organisieren, dabei gehörten Freunde aus seiner Zeit als hessischer Innenminister zum engsten Kreis, etwa Carlo Mierendorff und der frühere hessische Staatsrat Ludwig Schwamb, gleichfalls ermordet; klarsichtig schrieb er am 20. August 1939 einem ausländischen Freund von dem kommenden mehrjährigen Krieg (»Sage unseren Freunden, besonders Walter Citrine [damals Generalsekretar des britischen Gewerkschaftsbundes], daß wir sind, was wir waren. Aber wir sind gänzlich unfähig, die Katastrophe zu verhindern. Wir sind Gefangene in einem großen Zuchthaus. Zu rebellieren wäre ... Selbstmord.«); bei Kriegsbeginn 1939 noch einmal kurzzeitig inhaftiert; während des Krieges Führer gewerkschaftlichen Widerstands; diskutierte mit seinen Gesinnungsfreunden die Aufgaben einer neu zu schaffenden gesellschaftlichen Ordnung, »die nicht mehr mit den Rezepten von anno dazumal und auch nicht mehr mit einer Wiederholung der Demokratie nach 1918 auskommen können«; zweierlei war ihm besonders wichtig, die Einheitsgewerkschaft und die Jugend; noch kurz vor dem 20. Juli pochte Leuschner in einem Gespräch über den Aufbau einer neuen Arbeiterjugend-Organisation darauf, daß der Bildungsstand der Jugend gehoben werden müsse; es gelte, die Volksschule um mindestens ein Jahr zu verlängern und das System der Berufsschulen wesentlich auszubauen, der werktätigen Jugend einen Bildungsstand zu ermöglichen, der sie davor bewahren würde, sich je wieder durch agitatorische Versprechungen betören zu lassen, »die deutsche Jugend in erster Linie zu Menschen zu erziehen«; Leuschner war mit General *von Hammerstein* befreundet gewesen, der hatte ihn mit Beck zusammmengebracht; Männer von der Abwehr kamen dazu; selbst der konservative Admiral *Canaris* nahm Verbindung mit ihm auf; gemeinsam mit *Beck* arbeitete er an einem Umsturz vor der äußersten Katastrophe; gemeinsam mit *Goerdeler* bereitete er die Übergangsregierung vor, in der für ihn selbst das Amt des Vizekanzlers vorgesehen war; politisch *Stauffenberg* eng verbunden; Verbindung zum Kreisauer Kreis; erst Leuschner gab der Widerstandsbewegung eine breitere Basis, verwandelte die Verschwörung aus einer Palastrevolution zu einer politischen Bewegung; was Militärs und Konservative allein nie vermocht hätten; illusionslos sah er vor dem 20. Juli, daß es nunmehr auch einer *Goerdeler*-Regierung unmöglich sein würde, einen Verhandlungsfrieden zu erwirken; nach dem 20. Juli untergetaucht, doch am 16. August stellte er sich freiwillig, weil seine Frau als Geisel verhaftet worden war; am 8. September 1944 vom Volksgerichtshof zum Tode verurteilt, vor seiner Hinrichtung drei Wochen später noch tagelang im KZ Ravensbrück gefoltert, um ihm Aussagen abzupressen; in Plötzensee ermordet; einige Tage vor seiner Ermordung hatte Leuschner geschrieben: »Einig bleiben und wiederaufbauen!«; noch als er zum Galgen geführt wurde, beschwor er seine Gefährten in Zeichensprache: »Einigkeit!«; *182, FN 6 (Kap. 8)*

Dr. Robert Ley, 1890 - 25. 10. 1945, Selbstmord; 1910–1914 Studium in Jena und Bonn, Nahrungsmittel-Chemiker; im 1. Weltkrieg Kriegsfreiwilliger; bei Verdun Leutnant; 1917 zur Fliegerei, bei Ypern abgeschossen; erst 1920 Heimkehr aus französischer Kriegsgefangenschaft; 1920 Dr. phil. in Münster; 1921 Chemiker bei der Bayer AG (1925 IG-Farben) in Leverkusen bis 1928; 1924 Nationalsozialistische Freiheitsbewegung; Juni 1925 – Mai 1931 Gauleiter Rheinland-Süd; Herausgeber des »Westdeutschen Beobachters«, gehässige Kampagne gegen jüdische Kaufhäuser und jüdische Finanzmacht, erpresserische Artikel, vor allem gegen Juden; 1928–1932 preußischer Landtagsabgeordneter; hauptamtlicher Organisationsleiter im Gau Köln-Aachen; 1929 Gründung des »Oberbergischen Boten«; seit 1930 Reichstagsabgeordneter; seit Juni 1931 Reichsinspekteur II in der Reichsorganisationsleitung der NSDAP in München unter Gregor Strasser; Anfang Dezember 1932 Übernahme des NSDAP-Reichsorganisationsamtes als Nachfolger Gregor Strassers, Stabsleiter der PO (Parteiorganisation/Politische Organisation) und NSDAP-Reichsleiter, damit bis 1945 verantwortlich für Disziplinierung, Mobilisierung und ideologische Ausrichtung der NS-Funktionäre bis hinunter zu den Blockleitern; aber sein Amt beinhaltete auch die Funktion des Führers der Arbeitsfront, und das brachte 1933 einen enormen Machtzuwachs mit sich;

als Leiter des »Aktionskomitees zum Schutz der Arbeit« begann er am 2. Mai 1933 im Auftrage *Hitlers* ein terroristisches Kesseltreiben, mit dem er binnen weniger Tage alle bisher freien und unabhängigen Gewerkschaften gleichschaltete, in die DAF (Deutsche Arbeitsfront) überführte; Ley war Leiter der DAF mit schließlich 25 Millionen Mitgliedern; Ziel war ein patriarchalischer »Sozialismus, sozialer Friede auf der Basis der Volksgemeinschaft, Gewinnung der Arbeiterschaft für den NS-Staat durch ausreichendes Einkommen und die richtige kulturelle Atmosphäre«; die DAF kontrollierte die Einstellung und Entlassung von Arbeitskräften, Entlohnung und Sozialversicherung;

seit 1933 Präsident des Preußischen Staatsrates, der Akademie des Rechts, des Generalrats der Wirtschaft etc., seit Juni 1933 Reichsorganisationsleiter der NSDAP; gehörte zur Führungsgruppe der Parteihierarchie, hatte jedoch wenig Einfluß auf innen- oder außenpolitische Grundsatzentscheidungen; unberechenbarer, unfähiger Administrator; verstiegene Theorien; fanatischer Antisemit (Mai 1942 in Karlsruhe: es reiche nicht, die Juden zu isolieren, man müsse sie ausrotten); Pro-

totyp eines radikalen, pöbelhaften Nationalsozialisten, der stets gegen bürgerliche Sitten und »blaublütige Schweine« wetterte; Alkoholiker, der Abstinenz predigte; raffgierig; im Volke bespöttelt, aber nicht unbeliebt; von amerikanischen Truppen gefangengenommen; entzog sich im Nürnberger Gerichtsgefängnis einer Verurteilung im Hauptkriegsverbrecher-Prozeß durch Selbstmord; *155*
P. Lincke; Ende 1942 unmitttelbar unter Bormann tätig; *111*
Heinz Linge, »Bis zum Untergang. Als Chef des Persönlichen Dienstes bei *Hitler*«, München 1980; *FN 35 (Kap. 7)*
Paul Löbe, 1875–1967; Schriftsetzer und Journalist; 1895 in die SPD und zur Gewerkschaft; 1899–1919 Redakteur der Breslauer »Volkswacht«; 1904–1919 Breslauer Stadtverordneter; 1915–1920 Mitglied des schlesischen Provinziallandtags; während des 1. Weltkriegs für den sogenannten »Burgfrieden«; im November 1918 bildete sich unter seiner maßgeblichen Beteiligung in Breslau ein Volksrat, dem auch Vertreter bürgerlicher Parteien angehörten; 1921 zum preußischen Staatsrat ernannt; 1919 Vizepräsident der Weimarer Nationalversammlung; 1919–1933 Reichstagsabgeordneter, 1924–1932 Reichstagspräsident, zuvor seit 1920 und zeitweise danach Reichstags-Vizepräsident; 1932/33 Redakteur beim »Vorwärts«; die letzte Partei-Konferenz der SPD wählte ihn 1933 in den Parteivorstand; Löbe versuchte durch Zugeständnisse an die Nazi-Machthaber die Legalität der Partei zu erhalten; am 23. Juni 1933 in »Schutzhaft« genommen; durch verschiedene Berliner Gefängnisse, im August 1933 auf Veranlassung des 1934 ermordeten SA-Führers Ernst Heines aus dem Spandauer Gefängnis entführt; über das Breslauer Polizeigefängnis ins schlesische KZ Breslau-Dürrgoy eingeliefert, als Prominenter dort vor der Presse verhöhnt, ins Wanzen- und Latrinenkommando gesteckt, nachts auf dem Fußboden zwischen zwei Berufsverbrecher gelegt, von der SA schwer mißhandelt; das Geheime Staatspolizeiamt teilte am 27. September 1933 nach Abschluß der Ermittlungen mit, was gegen eine Haftentlassung spreche: Löbes Entlassung werde in der deutschen Arbeiterschaft kein Verständnis finden, Löbe sei immer entschiedener Pazifist gewesen und habe als erster maßgeblicher Sozialdemokrat auf Wahlversammlungen und in Presseverlautbarungen den Gedanken der Einheitsfront mit Kommunisten zum Ausdruck gebracht, gerade als die nationale Regierung vor dem Durchbruch gestanden habe; im Dezember 1933 entlassen (Weihnachtsamnestie); Korrektor für den Verlag de Gruyter; seit 1935 über *Wilhelm Leuschner* und Julius Leber in Kontakt zum Widerstand um *Goerdeler;* vorgesehen als künftiger Reichstagspräsident, was der Gestapo unbekannt blieb, aber im Juli 1944 auf einer Ministerliste *Goerdelers;* am 23. August 1944 im Zuge der sogenannten »Gitter-Aktion« in Breslau verhaftet, ins Gestapo-Gefängnis Breslau, anschließend bis Dezember 1944 im schlesischen KZ Groß-Rosen gefangengehalten; 1945 Gegner einer Vereinigung von SPD und KPD; 1948/49 Parlamentarischer Rat; 1949–1953 Alterspräsident des Bundestages; aktiv in der »Europa-Bewegung«, 1924–1933 Vizepräsident der Paneuropa-Union; 1954–1961 Vorsitzender des »Kuratoriums Unteilbares Deutschland«; *137*
Dr. Ewald Löser, geb. 1888; Direktor im Krupp-Konzern; *79*
Hermann Freiherr von Lüninck, 1893 – 10. Mai 1945; Weltkrieg im Gardeschützen-Bataillon; nach zweijähriger Tätigkeit im preußischen Innenministerium strafversetzt an die Regierung in Arnsberg, Nichtantritt der Stelle, Abschied aus dem preußischen Staatsdienst; März 1925 Wahl zum Präsidenten der Landwirtschaftskammer für die Rheinprovinz in Bonn; 1931 Präsident des rheinischen landwirtschaftlichen Genossenschaftsverbandes; März 1933 Oberpräsident der Rheinprovinz, preußischer Staatsrat; 1935 auf eigenen Antrag in den Ruhestand; im Spätsommer 1938 gehörte Lüninck zu den Zivilisten, die gemeinsam mit einigen Militärs Hitler im Handstreich verhaften und für unzurechnungsfähig erklären lassen wollten; *Reusch*-Kreis; Gegner des Nationalsozialismus; stand zweimal vor dem Volksgerichtshof; *194*
Lütsches; Vereinigung ehemals politisch Inhaftierter, Düsseldorf; *185*
Walther Freiherr von Lüttwitz, 1859–1942; Schwiegervater von *Hammerstein;* General; seit 1878 im Heer; im 1. Weltkrieg in hohen Stellungen an der Front und im Generalstab; im Dezember 1918 Oberbefehlshaber in den Marken, im Oktober 1919 Führer im Gruppen-Kommando I in Berlin; weigerte sich, das Kommando über die auf alliierten Befehl zur Auflösung bestimmte Marinebrigade Ehrhardt abzugeben, wurde militärischer Führer beim *Kapp*-Putsch am 13. März 1920, Reichswehrminister im fünftägigen *Kapp*-Kabinett; Rücktritt am 17. März, Flucht nach Schweden; Heimkehr erst nach Amnestierung 1925; *131*
Dr. Martin Luther, 1483–1546; Reformator; Begründer des deutschen Protestantismus; *16, FN 19 (Kap. 7)*
Victoria Marie Fürstin zu Lynar-Görlsdorf; Großgrundbesitzerin; *48*
Wilhelm Graf zu Lynar-Lübbenau, 1899 – 19. September 1944, ermordet; Gutsbesitzer, Freier Standesherr auf Lübbenau, Tornow und Lichtenau; Major der Reserve; Johanniter; im Westfeldzug Adjutant von *Generalfeldmarschall von Witzleben;* dann beim stellvertretenden Generalkommando III; nach dem Abschied 1942 war *Witzleben* sein Gast in Seese bei Lübbenau; Lynar war über die früheren Attentatspläne der Militär-Opposition informiert, stellte sein Haus für die Treffen der Verschwörer zur Verfügung, hatte Kontakt zu *Fritz Jäger* und Ludwig Gehre, der die Verbindung zu *Tresckow* herstellte; am 20. Juli begleitete Lynar seinen früheren Vorgesetzten *Erwin von Witzleben* in den Bendlerblock; nach dem Scheitern des Umsturzes wurden beide am 21. Juli 1944 in Seese von der Gestapo verhaftet; am 29. September 1944 wurde Lynar vom Volksgerichtshof zum Tode verurteilt und am gleichen Tag noch in Plötzensee ermordet; *154, 193*
Freiherr von Lyncker; Frühjahr 1914 in Döberitz, Offizier im 1. Bataillon des 1. Garderegiments zu Fuß; *33*

August von Mackensen, 1849–1945; Frankreich-Krieg 1870/71; seit 1880 im Generalstab; 1898 Flügel-, später Generaladjutant Wilhelms II.; 1900 Generalmajor; 1908 General des XVII. Armeekorps; November 1914 Oberbefehlshaber der 9., Frühjahr 1915 der 11. Armee; nach der Einnahme von Lemberg Generalfeldmarschall; 1915 Oberbefehl im serbischen, 1916 im rumänischen Feldzug, dort 1918 Militärgouverneur; 1933 preußischer Staatsrat; 1935 Domäne Brüssow/Uckermark als Dotation; *92*
Mager; Landjäger in Neuhardenberg; *155*

Ulrich de Maizière; geb. 1912, später Bundeswehr-Generalinspekteur; *FN 111a (Kap. 6)*

Erich von Lewinski, genannt von Manstein, 1887–1973; Sohn eines Berufsoffiziers, Adoptivsohn des Generalleutnants Georg von Manstein; seit 1906 in der Armee; im 1. Weltkrieg erst Ordonnanz-, dann Generalstabsoffizier an der Ost- und Westfront; 1919 Stabsoffizier im Oberkommando Grenzschutz Süd; Reichswehr; nach verschiedenen Truppenkommandos 1929 Leiter der Gruppe I in der Heeresabteilung des Truppenamtes (früher Operations- und Aufmarschabteilung des Großen Generalstabes); Februar 1934 Chef des Stabes im Wehrkreis III in Berlin; Juli 1935 Chef der Operationsabteilung des Generalstabs des Heeres, Oktober 1936 Generalmajor und Oberquartiermeister I im Generalstab des Heeres, Vertreter von Generalstabschef *Beck;* im März 1938 im Zuge des Revirements nach der *Fritsch*-Krise als Verfechter vom Primat des Heeres in der Gesamtkriegsführung von seiner Funktion entbunden, Kommandeur einer Infanterie-Division in Schlesien; August 1938 Stabschef der 12. Armee, Einmarsch in das Sudetenland; 1939 Generalleutnant; August 1939 Stabschef der Heeresgruppe Süd (von Rundstedt), Polenfeldzug; Oktober 1939 Stabschef der Heeresgruppe A (von Rundstedt) im Westen, der Sichelschnittplan (Operationsplan zum Durchbruch durch die französische Front unter Umgehung der Maginotlinie) stammt im Entwurf von ihm; Januar 1940 Kommandeur des XXXVIII. Armeekorps im Westen, Durchbruch durch die französischen Linien an der Somme, am 10. Juni 1940 als erste Truppe Überquerung der Seine; Juli 1940 General der Infanterie; vorgesehen, nach der Landung in England den Oberbefehl über die gelandeten deutschen Einheiten zu führen; nach Verschiebung der »Operation Seelöwe« im Februar 1941 Kommandeur des LVI. Panzerkorps in Ostpreußen; zu Beginn des Überfalls auf die Sowjetunion Vorstoß seiner Truppen in vier Tagen bis zur westlichen Düna (Dwina) und näherte sich Ende Juli Leningrad; September 1941 Oberbefehlshaber der 11. Armee auf der Krim; März 1942 Generaloberst; nach 250tägiger Belagerung Einnahme Sewastopols im Juli 1942, Generalfeldmarschall; Auftrag zur Einnahme Leningrads; im November 1942 Scheitern seiner Versuche als Oberbefehlshaber der Heeresgruppe Don bzw. Süd, die bei Stalingrad eingeschlossene 6. Armee zu entsetzen, doch verhinderte er den völligen Zusammenbruch der Front im Süden der Sowjetunion; trotz aller Bemühungen der Generäle *Beck* und *Tresckow* veranlaßte Manstein nicht einmal die Katastrophe von Stalingrad, sich von *Hitler* loszusagen; im Februar/März 1943 drängte er die Russen bis zum Donez zurück, Einnahme Charkows; glaubte damals, der Krieg im Osten sei im Sommer 1943 bei Vermeidung verlustreichen, militärisch sinnlosen Widerstandes immer noch zu gewinnen, Voraussetzung dafür seien Rückzug zur Frontverkürzung und -konsolidierung, das Zulassen tiefer Einbrüche, die dann mit Panzern abgeriegelt werden müßten, Kesselschlachten; Hitler verwarf diese Pläne als zu risikoreich, so erhielten die sowjetischen Truppen ausreichend Zeit zur Reorganisation; die Folge waren die Niederlage bei Kursk, am Dnepr und in der Ukraine; auf Mansteins erneute Forderung zum Rückzug am 25. März 1944 wurde er am 30. März 1944 von *Hitler* in die Reserve versetzt; zog sich auf sein Gut zurück;
im August 1945 von britischen Truppen in Schleswig-Holstein verhaftet; 4 Jahre Kriegsgefangener in England; vom August 1949 an stand er vor dem britischen Militärtribunal in Hamburg, angeklagt wegen Durchführung des Kommissarbefehls, von Geiselerschießungen und des Befehls »verbrannte Erde«; am 19. Dezember 1949 wurde er zu 18 Jahren Gefängnis verurteilt; u. a. für schuldig erkannt, nicht auf den Schutz der Zivilbevölkerung bedacht gewesen zu sein; das war eine Schönfärberei, schließlich hatte er der 11. Armee beispielsweise in seinem Tagesbefehl vom 20. November 1941 verkündet: »Das Judentum bildet den Mittelsmann zwischen dem Feind im Rücken und den noch kämpfenden Resten der Roten Wehrmacht und der Roten Führung.« Der deutsche Soldat an der Ostfront, der gegen den Bolschewismus kämpfe, sei der »Träger einer völkischen Idee« und müsse daher »für die Notwendigkeit der harten Sühne am Judentum, dem geistigen Träger des bolschewistischen Terrors ... Verständnis aufbringen«; das Urteil wurde später auf 12 Jahre reduziert, doch wurde er bereits im Februar 1952 auf Krankenurlaub, im Mai 1953 endgültig entlassen; trotz seiner Verurteilung Gutachter und Berater der Bundesregierung bei der Wiederbewaffnung, im Sommer 1956 Denkschriften zur Wiedereinführung der (18monatigen) Wehrpflicht und zur Atombewaffnung der Bundeswehr; in seinen Büchern »Verlorene Siege« (1956) und »Aus einem Soldatenleben« (1958) versuchte er die Wehrmacht politisch und militärisch zu rehabilitieren; von manchen Militär-Experten wurde er als fähigster deutscher Heerführer des Zweiten Weltkrieges angesehen; sicher nie ein überzeugter Nationalsozialist, war völlig skrupellos in seinem auf das Militärische beschränkten, sehr engen Blickwinkel; *128, 129, 181*

Manteuffel; brandenburgisches Geschlecht; *65*

Mars; neben Jupiter der römische Hauptgott; Gott des Frühlings, Monat März; galt als Vater von Romulus und Remus; erst allmählich wurde er, identifiziert mit dem griechischen Ares, zum Gott des Krieges; *14*

Giuseppe Martini; Bildhauer; 1793 Vorstand der Bildhauerschule in Lucca; Denkmal Friedrichs II. im Neuhardenberger Schloßpark; *13–14*

Marwitz; brandenburgisches Geschlecht; *65*

Johann Friedrich Adolf von der Marwitz, 1723–1781; 1740 mit 17 Jahren Eintritt ins Kürassier-Regiment Gensdarmes; 1758 bei Zorndorf Major, Pour le mérite; fast den ganzen Siebenjährigen Krieg durch Kommandeur des Regiments Gensdarmes statt dessen eigentlichen Kommandeurs Oberst Graf von Schwerin; der König war ihm sehr gewogen; 1759, bei der zweiten Besetzung Berlins durch die österreichisch-russische Armee, hatten die Sachsen das Schloß Charlottenburg geplündert und die schöne Antikensammlung zerschlagen; beim Einmarsch in Sachsen im Jahr darauf ließ der König das Schloß Pförten des sächsischen Premierministers Grafen Brühl zerstören, das kurfürstliche Jagdschloß Hubertusburg aber, in dessen Nähe die Armee stand, schenkte er Marwitz mit dem Befehl, alles ausräumen zu lassen, was darin transportabel sei; das waren Kostbarkeiten, Silberzeug und zahllose herrliche Möbel und Tapeten, ein Geschenk von vielen tausend Talern; nach einigen Tagen fragte ihn der König bei Tisch: »ob er alles habe wegbringen lassen?«

Marwitz verneinte; einige Tage später fragte der König erneut, und als Marwitz wiederum verneinte, verlangte er zu wissen: »Warum nicht?« – »Weil sich dies allenfalls für Offiziere eines Freibataillons schicken würde, nicht aber für den Kommandeur Seiner Majestät Gensdarmes!« war die Antwort; der König verließ empört die Tafel, schenkte das Schloß zur Plünderung einem anderen, dem Obersten Quintus Icilius, der es wunschgemäß völlig leer hinterließ, und ließ Marwitz seitdem seine Ungnade spüren; als Marwitz die königlichen Schikanen leid war, bat er zweimal um seinen Abschied, aber vergeblich, statt dessen erhielt er neue Kränkungen; da blieb Marwitz ein Jahr dem Dienste fern, zu Hause; nun wollte *Friedrich II.* einlenken, versprach ihm das nächste Regiment, doch Marwitz bestand auf seinem Abschied; weil, was geschehen sei, der König nicht mehr ungeschehen machen könne; darauf wurde Marwitz 1769 mit 46 Jahren der Abschied gewährt; er hatte nunmehr Zeit und ergab sich dem Spiel; ein häufiger Gast war der Oberst Quintus Icilius, dem er dabei partienweise die gesamte Hubertusburger Bibliothek abgewann, so daß diese Bücher doch noch, aber auf ehrenhafte Weise, in sein Haus kamen; *98, 175, FN 1a (Kap. 1), FN 59 (Kap. 7)*

(Friedrich August) Ludwig von der Marwitz, 1777–1837; Neffe und Erbe des Obigen; Herr auf Friedersdorf, 1791 mit dreizehn Jahren als Fahnenjunker in das Regiment Gensdarmes; stark beeinflußt von den Schilderungen der französischen Verhältnisse vor und zu Beginn der Französischen Revolution, wie sie ihm Baron von der Goltz berichtete, ein naher Verwandter, der lange Jahre preußischer Gesandter in Paris gewesen war; im August 1802 nahm er seinen Abschied als Premierleutnant, zog sich auf seine Güter zurück und heiratete; einer der Pioniere der Anwendung moderner landwirtschaftlicher Anbaumethoden; Führer der altständischen märkischen Adelsopposition gegen die *Stein-Hardenberg*schen Reformen zugunsten einer möglichst weitgehenden Restauration des feudalen Ständestaates, Wiederbelebung der ständischen Privilegien und des Erhalts der politischen Herrschaftsrechte des grundbesitzenden Adels; das liberale Staatsdenken der Aufklärung und die bürgerlich-kapitalistische Wirtschaftsführung ablehnend, vertrat er die Prinzipien einer patriarchalisch-ständischen Gesellschaftsordnung friderizianischer Prägung, um der moralischen Gefährdung durch eine auf bloßes Erwerbsleben und Erzielung höchstmöglichen Gewinns ausgerichteten Lebenshaltung entgegenzuwirken; scharf formulierender Antisemit, kompromißlos gegen die Möglichkeit des Grunderwerbs durch Juden; gründete gemeinsam mit *Achim von Arnim* und *Adam Müller* Anfang 1811 die gegen *Hardenbergs* Reformen eingestellte, rabiat antisemitische Christlich-Teutsche Tischgesellschaft; vermutlich von Adam Müller verfaßt oder mit seiner Hilfe entstand die »Letzte Vorstellung der Stände des Lebusischen Kreises an den König«, auch diese mit antisemitischen Ausfällen und *Hardenberg* revolutionärer Grundsätze bezichtigend; dieser Widerstand gegen *Hardenbergs* Finanzedikt trug ihm 1811 eine fünfwöchige Festungshaft in Spandau ein; Fontane feierte Marwitz als Begründer des politischen Meinungskampfes in Brandenburg-Preußen (die Auseinandersetzungen um das sogenannte »Toleranz-Edikt« des *Großen Kurfürsten* hatte er dabei allerdings nicht berücksichtigt); der zehn Jahre jüngere Bruder Alexander (1787–1814) war nicht so in Standes- und religiösen Vorurteilen befangen, besuchte die Berliner Salons, und seit er im Mai 1809 Rahel Levin-Varnhagen kennengelernt hatte, blieben sie, trotz langer Trennungen, bis zu seinem frühen Tode im Felde gute Freunde; einige der schönsten Briefe Rahels beschäftigen sich mit Alexander von der Marwitz; ein echter Patriot im Widerstand gegen Napoleon; bildete 1807 in Preußen und Pommern selbst ein Freikorps; zeichnete sich in den Freiheitskriegen 1813–1815 als Führer einer von ihm selbst aufgestellten und ausgebildeten Landwehrbrigade aus, sein Lebuser Bataillon brachte am 27. August 1813 den Sieg in der eigentlich schon verlorenen Schlacht bei Hagelsberg; nach 1815 Militärdienst in Crossen und Frankfurt/Oder; 1817 Generalmajor; 1827 bei Abschied aus dem Militärdienst Generalleutnant; Mitglied des preußischen Staatsrats; 1827–1831 bekämpfte er als Marschall des brandenburgischen Provinziallandtages adlig-liberale und bürgerliche Bestrebungen, gegen eine Verwirklichung des Verfassungsversprechens von Friedrich Wilhelm III.; 1833 Rückzug aus dem politischen Leben; *Friedrich Meusel* gab Marwitzens gesammelte Schriften heraus: »Ein märkischer Edelmann im Zeitalter der Befreiungskriege« (daraus stammen auch die Zitate im obigen Abschnitt über seinen Onkel, den Hubertusburger Marwitz); *18–19, FN 1a, 13a (Kap. 1), FN 59 (Kap. 7)*

Bodo von der Marwitz, 1893–1982; vierter von fünf Geschwistern, mit 7 Jahren bereits Vollwaise; 1905 wurde der Groß-Kreutzer Haushalt aufgelöst; in Friedersdorf fand er eine zweite Heimat; nach Schulabschluß ins 3. Ulanenregiment in Fürstenwalde; mit diesem Regiment im 1. Weltkrieg als Regiments-Adjutant ins Feld; als jüngerer Bruder besaß Bodo von der Marwitz keinen eigenen Grundbesitz, doch mit dem Tode des ältesten Bruders Gebhard fiel Bodo von der Marwitz das heimatliche Gut Groß-Kreutz zu; nachdem 1918 auch sein Bruder Bernhard gefallen war, erbte er auch noch Friedersdorf; in den folgenden Jahrzehnten als Landwirt erfolgreich, daraufhin auch im Siebener Ausschuß des Lebuser Großgrundbesitzes; gemeinsam mit seinem Vetter Dr. Conrad Graf von der Goltz, dem Direktor der Berliner Unions-Bank; gelegentliche Kontakte zum Reichskuratorium für Technik in der Landwirtschaft und zum *Reusch*-Kreis; seinem Nachbarn Hardenberg wurde er ein treuer Freund, rettete ihn in den Zwanzigern vor dem Bankrott und sandte ihm im Dezember 1944 eine Karte ins KZ Sachsenhausen; als letzter Bewohner Friedersdorfs entkam er zu Pferd dem russischen Sturm auf die Seelow-Friedersdorfer Höhenkante; bis zur Enteignung im September 1945 versuchte Marwitz noch in Groß-Kreutz Landwirtschaft zu betreiben; während seiner Haft bei den Russen kümmerte sich Hardenberg um Marwitz' Kinder und ihn; einem gewaltsamen Abtransport auf russischen Befehl entging er, gnädig bewahrt; mit seinen Kindern Flüchtling im Westen; der Verlust von Heimat und Lebensaufgabe, die ihm der Besitz bedeutet hatte, ließ ihn nicht in Resignation versinken; konservativer Monarchist, im Stahlhelm organisiert gewesen und bis 1931 Mitglied der DNVP; 1932 hatte er aber den damals nur von der Weimarer Koalition aufgestellten *Hindenburg* gewählt; Anfang 1933 für eine geschlossene »Front gegen den Marxismus«; sympathisierte zeitweilig mit der »Christlich-Deutschen Bewegung«; Auftreten gegen die Diskriminierung von Juden; im Zweiten Weltkrieg nur kurzzeitig militärisch eingesetzt, 1939/40 erst als Oberleutnant beim OKW, dann im Infanterie-Ersatzregiment 23, später u. k. gestellt; setzte sich für die Verbesserung der Lebensbedingungen der bei ihm beschäftigten Kriegsgefangenen ein; im Frühjahr 1944 wurde die rumänische Gesandtschaft auf Schloß Friedersdorf einquartiert; Mitglied in der Casino-Gesellschaft; Johanniter; *30, 42, 43, 46, 50–55, 58–61, 84, 86, 92, 97, 103, 111, 143, 174–175, 177, 202, 209; FN 4, 61 (Kap. 2), FN 12 (Kap. 4), FN 93 (Kap. 8)*

Karl Marx, 1818–1883; sein Vater hatte 1824 im damaligen Rheinpreußen noch zum christlichen Glauben übertreten müssen, um überhaupt als Rechtsanwalt praktizieren zu dürfen; die in *Hardenbergs* Judenedikt gegen massiven konservativen Widerstand durchgesetzte, völlig unzureichende Teilemanzipation blieb nämlich ausdrücklich auf die preußischen Rumpfprovinzen der *Napoleon*-Zeit beschränkt, sein Geltungsbereich wurde auf die anderen Provinzen Preußens nicht ausgedehnt; Jura-, Philosophie- und Geschichts-Studium in Bonn und Berlin, Promotion 1841 in Jena; erfolgloses Bemühen um einen Lehrstuhl; 1842/43 Mitarbeiter und Redakteur bei der bald verbotenen »Rheinischen Zeitung«; 1843 nach Paris; 1844 mit Arnold Ruge Herausgabe des einzigen Bandes der »Deutsch-Französischen Jahrbücher«; lernte durch Vermittlung von Friedrich Engels die britische Nationalökonomie (Adam Smith und David Ricardo) kennen, setzte sich mit den Theorien der französischen Frühsozialisten (u. a. Louis Blanc und Pierre Joseph Proudhon) auseinander, nahm Kontakt zu den russischen Anarchisten (vor allem zu Bakunin) auf; auf Betreiben der preußischen Regierung 1845 aus Paris ausgewiesen, schrieb er in Brüssel zusammen mit Engels »Die Heilige Familie«, »Die deutsche Ideologie«, »Das kommunistische Manifest«; im März 1848 aus Belgien ausgewiesen, konnte er dank der Pariser Februarrevolution über Paris im April 1848 nach Köln zurückkehren, um die »Neue Rheinische Zeitung« herauszugeben, die den linken Flügel der Demokraten unterstützte; nach ihrem Verbot im Mai 1849 ging er über Paris im August 1849 nach London ins Exil; dort entstanden seine Hauptwerke »Zur Kritik der politischen Ökonomie« und »Das Kapital«; die 1864 gegründete IAA (Internationale Arbeiterassoziation) versuchte er straff zu gliedern und die nationalen Sektionen zur Bildung nationaler politischer Arbeiterparteien anzuhalten, was zur Spaltung und zum Niedergang der IAA führte; seine Gedenkschrift über die Pariser Kommune («Der Bürgerkrieg in Frankreich«) fand weltweite Beachtung; zahlreiche Beiträge für die »New York Daily Tribune«, britische Chartistenblätter, die »Neue Oderzeitung« und andere; glänzende Analysen der Zusammenhänge zwischen sozioökonomischen und politischen Phänomen; die Verbindung zur sich nach 1871 rasch entwickelnden deutschen Arbeiterbewegung wurde durch briefliche und persönliche Kontakte zu deren Führern hergestellt sowie durch kritische Anmerkungen (Kritik des Gothaer Programms); Marxens Größe begreift man um so deutlicher, wenn man seine Schriften mit denen der zeitgenössischen borussischen Historiker parallel liest; *192*

Professor Dr. Erich Maschke, 1900–1982; Historiker; »Es entsteht ein Konzern. Paul Reusch und die GHH (Gutehoffnungshütte), Oberhausen 1969; *78, FN 18, 23 (Kap. 4)*

von Massow; Frühjahr 1914 in Döberitz, Offizier im 1. Bataillon des 1. Garderegiments zu Fuß; *33*

Dorothee von Meding; »Mit dem Mut des Herzens. Die Frauen des 20. Juli.«, Berlin 1992; *FN 10 (Kap. 7)*

Johann Wilhelm Meil, 1733–1805; Zeichner und Radierer, seit 1752 in Berlin; 1797 Vizedirektor, ab 1801 Direktor der preußischen Akademie der Künste; nach seinem Entwurf führte Giuseppe Martini das Denkmal *Friedrichs des Großen* im Park von Neuhardenberg aus; *14, 24*

Otto Meißner, 1880–1953; 1901 im Justizdienst, 1908 Reichsbeamter; im 1. Weltkrieg 1915 Infanterie; 1918 zur Militärverwaltung der Ukraine; deutscher Geschäftsträger in der Ukraine; 1919 ins Büro des Reichspräsidenten, seit 1920 Chef des Büros des Reichspräsidenten, Ministerialdirektor; 1923 Staatssekretär; Chef des Präsidialbüros, zunächst unter *Ebert;* dann unter *Hindenburg,* schließlich unter *Hitler;* einer der einflußreichsten Drahtzieher, trat bei *Hindenburg* schließlich doch für *Hitler* ein, trotz aller ursprünglichen Bedenken; 1934/35 Chef der Präsidialkanzlei; 1937 Staatsminister; 1945 verhaftet, im April 1949 im Nürnberger »Wilhelmstraßenprozeß« freigesprochen; auch in drei Entnazifizierungsverfahren als unbelastet eingestuft; *70*

Melchers; Vereinigung ehemaliger politisch Inhaftierter, Düsseldorf; *185*

Daniil Melnikow; russischer Historiker; »20. Juli 1944. Legende und Wirklichkeit.«, Berlin 1967; *78, FN 19 (Kap. 4)*

Manfred Messerschmidt; »Militärische Motive zur Durchführung des Umsturzes«. In: Schmädecke, Jürgen/Steinbach, Peter, Der Widerstand gegen den Nationalsozialismus, München 1985/86; *FN 15 (Kap. 6)*

Klemens Wenzel Lothar Graf, (seit 1813) **Fürst von Metternich,** (seit 1818) **Herzog von Portella,** 1773–1859; 1801–1803 kaiserlicher Gesandter in Dresden, 1803–1806 in Berlin, 1806–1809 Botschafter in Paris; nach der österreichischen Niederlage gegen Napoleon zum Außenminister ernannt; verschaffte dem Land durch Anlehnung an Frankreich (Heirat *Napoleons* I. mit der Kaisertochter Marie Louise) eine Ruhepause; mit Rußland laufend im Kontakt geblieben, vollzog er 1812 den Anschluß an die Koalition gegen Frankreich (Befreiungskriege); kompromißlose Ablehnung der Französischen Revolution, zu keinem Zugeständnis an die Volkssouveränität bereit; auf dem unter seinem Vorsitz tagenden Wiener Kongreß erreichte er die Wiederherstellung der vorrevolutionären politischen und sozialen Ordnung (Restauration nach dem Prinzip der Legitimität); die Heilige Allianz der drei konservativen Monarchien (Österreich, Rußland, Preußen) formte er zu einem Fürstenbund gegen nationale und liberale Regungen in den Völkern; im Deutschen Bund setzte er, gemeinsam mit Preußen, die rücksichtslose Unterdrückung freiheitlicher, nationaler Bewegungen durch (Karlsbader Beschlüsse 1919); die Mittel seiner Politik waren Zensur, Polizeimaßnahmen, militärische Interventionen; die Kongresse von 1820–1922 machte er zum Instrument seiner legitimistischen Interventionspolitik; 1821 zum Haus-, Hof- und Staatskanzler ernannt; ab 1826 wurde sein Einfluß schwächer, später auf die Außenpolitik beschränkt; nach Ausbruch der Revolution mußte er als verhaßter Exponent der Reaktion am 13. März 1848 zurücktreten, ins

Ausland fliehen; erst im September 1851 kehrte er nach Wien zurück; *20*

Friedrich Meusel; Herausgeber von »Friedrich August Ludwig von der Marwitz. Ein märkischer Edelmann im Zeitalter der Befreiungskriege«, Berlin 1908/13; *FN 13a (Kap. 1), FN 59 (Kap. 7)*

Otto Meyer; Generaldirektor der MAN (Maschinenfabrik Augsburg Nürnberg) in Augsburg; *78–79*

Werner Michalsky; »Karl Friedrich Schinkel im Lebuser Land«, Seelow 1992; *FN 3, 5, 22 (Kap. 1)*

Minerva; alt-italienische Göttin des Verstandes, des Nachdenkens, der Empfindsamkeit, Schutzpatronin aller Fertigkeiten und Künste (des Handwerks, der Künstler, Dichter und Ärzte), später mit Pallas Athene identifiziert, deshalb auch oft dem römischen Mars zugeordnet; *14*

Wjatscheslaw Michailowitsch Molotow, (eigentlich) **W. M. Skrjabin,** 1890–1986; seit 1906 Bolschewik; einer der engsten Mitarbeiter Stalins; 1921–1957 Mitglied des ZK der KPdSU, 1921–1930 auch dessen Sekretär; 1926–1957 Mitglied des Politbüros bzw. des Präsidiums des ZK; 1930–1941 Vorsitzender des Rates der Volkskommissare, ab 1941 stellvertretender Vorsitzender; 1939–1949 und 1953–1956 Außenminister der Sowjetunion; Ende Juni 1957 als Machtrivale und scharfer Kritiker der Entstalinisierungs- und Koexistenzpolitik Chruschtschows aller Führungsämter enthoben; bis 1961 als Diplomat tätig; 1962 Ausschluß aus der KPdSU als Parteifeind, 1984 Wiederaufnahme; *133*

Helmuth James Graf von Moltke, 1907 - 23. Januar 1945, ermordet; Urgroßneffe des Generalfeldmarschalls von Moltke; Gutsherr von Kreisau/Schlesien; religiös stark gebunden, von Anfang an Gegner des Nationalsozialismus; schon bald nach der Machtübergabe wurde er zum Mittelpunkt des »Kreisauer Kreises«; Jurist; seit 1939 Sachverständiger für Kriegs- und Völkerrecht, Leiter des Völkerrechtsreferats im OKW, Amt Ausland/Abwehr; Kriegsverwaltungsrat; zum »Kreisauer Kreis« gehörten Politiker, Offiziere, Akademiker (Adam von Trott zu Solz, Hans-Bernd von Haeften, vor allem aber *Peter Graf York von Wartenburg*); Moltke holte Gewerkschafter und Sozialisten dazu (Julius Leber, Adolf Reichwein, Carlo Mierendorff, *Wilhelm Leuschner*); Ziel war, Schaffung einer neuen Ordnung für ein rehumanisiertes Deutschland nach dem Nationalsozialismus, vor dem Attentat schreckte er aber aus moralischen Bedenken zurück; nutzte seine Dienststellung, um Verfolgten, Kriegsgefangenen, Zwangsarbeitern ihr Los zu erleichtern; unterhielt geheime Kontakte zu den Westmächten; am 19. Januar 1944 verhaftet, nachdem er versucht hatte, ein Mitglied des antinazistischen Solf-Kreises vor der Verhaftung zu warnen; nach dem Scheitern des Attentats, an dem er überhaupt nicht beteiligt gewesen war, wurde auch Moltke vor dem Volksgerichtshof angeklagt, einzig und allein seiner christlichen Grundhaltung wegen; Freisler rief ihm zu: »Herr Graf, eines haben das Christentum und wir Nationalsozialisten gemeinsam, und nur dies eine: wir verlangen den ganzen Menschen.«; zum Tode verurteilt, wurde er in Plötzensee ermordet; *175*

Montecluso; Hardenbergs Deckname; *141*

Montgomery; schottischer Hauptmann im Dienste des Großen Kurfürsten; *FN 19 (Kap. 7)*

Mudrack; Führer der bürgerlichen Rechten im Kreise Lebus; *56*

Heinrich von zur Mühlen, 1908; Historiker; Privatdozent; um Sammlung von Material zum Thema Widerstand bemüht; *197*

Mueller; Superintendent in Müncheberg; *90–91*

Adam Müller, (seit 1826) **Ritter von Plittersdorf,** 1779–1829; gebürtiger Berliner, in protestantischem Elternhaus aufgewachsen, zum Theologiestudium bestimmt; studierte statt dessen unter dem Einfluß des später eng mit ihm befreundeten Friedrich Gentz Jura als Vorbereitung auf den Staatsdienst; nach dem Studium bei der kurmärkischen Kammer angestellt, was seine Reisefreiheit nicht einschränkte; suchte die Verbindung zu den Romantikern (Gebrüder Schlegel); trat 1805 in Wien als einer der frühesten Konvertiten unter den Romantikern zum Katholizismus über; längere Aufenthalte in Dresden (1806–1809) und Berlin (1809–1811); seit 1805 hielt er in Dresden »Vorlesungen über deutsche Wissenschaft und Literatur« (Schlegelsche Romantik), 1808 gab er gemeinsam mit dem ihm befreundeten und sinnverwandten *Heinrich von Kleist* den »Phoebus« heraus; 1808/09 hielt er seine Vorlesungen über »Die Elemente der Staatskunst«; vom Krieg vertrieben, Rückkehr nach Berlin; Gesuch um Anstellung im Staatsdienst von Hardenberg abgelehnt; wurde Hauptgegner sowohl der altpreußisch-friderizianischen Staatsidee als auch der *Hardenberg*schen Reformen; als Sekretär der kurmärkischen Ritterschaft in Berlin 1809–1811 stand er in der ständischen Fronde gegen *Hardenbergs* rationalistische Reformpolitik; gründete 1811 zusammen mit *Achim von Arnim* und *Friedrich Ludwig von der Marwitz* als Oppositionsorgan die violent antisemitische »Christlich-Teutsche Tischgesellschaft«, bis zu seiner Übersiedlung nach Wien Ende Juni 1811 deren erster Sprecher; vermutlich Verfasser, wenigstens Mitverfasser, der antisemitisch eingefärbten »Letzte(n) Vorstellung der Stände des Lebusischen Kreises an den König«, die *Hardenberg* revolutionärer Grundsätze bezichtigte; Marwitz und Finckenstein wurden dafür fünf Wochen auf die Festung Spandau geschickt; auf Empfehlung seines Freundes Gentz wurde Adam Müller in Wien anfangs mit politischer Korrespondenz beschäftigt; später Landeskommissar in Tirol, Begleiter des Kaisers ins Feldhoflager nach Heidelberg und Paris, österreichischer Generalkonsul für Sachsen und Resident der anhaltischen Höfe in Leipzig; 1827 nach Wien in die Hof- und Staatskanzlei rückberufen; dem nivellierenden Rationalismus der Französischen Revolution gegenüber hatten Burke und de Maistre die geschichtliche Eigenart der Nationen und die Überlieferungen der katholischen Kirche betont; in Deutschland führte das in Verbindung mit dem durch die Romantik geprägten Konservativismus der Zeit zu der als »politische Romantik« bezeichneten Geistesbewegung, die in Adam Müller ihren Hauptvertreter hatte; in seinen 1809 erschienenen »Elemente(n) der Staatskunst«, dem Hauptwerk der »politischen Romantik«, stellte er sich gegen die Staatslehre der Aufklärung und die Ideen der Französischen Revolution, leugnete die begriffliche Trennung von Staat und Gesellschaft und trat für einen korporativen Ständestaat ein; auch auf volkswirtschaftlichem Gebiet tat er sich als Gegner der klassischen Theorien von Adam Smith und David Ricardo hervor, gegen deren mechanistisch abstrahierende Methode er eine »ethisch-organische« Auffassung von der Einheit des Kulturlebens einer Nation forderte; sein Kampf gegen Liberalismus, Rationalismus, Revolution und sein Eintreten für einen christlich-monarchischen Staatsgedanken, der mittelalterlich-föderale und griechische Elemente vermischte und den Staat als »Totalität der menschlichen Angelegenheiten« sah, fand vor allem *Metternichs* Anerkennung, auf dessen Vorschlag er 1826 geadelt, 1827 zum Hofrat in der Staatskanzlei ernannt wurde; Müller gilt als Verkörperung der romantischen Zeit und zugleich der Epoche der Restauration, die auf preußischem Boden durch Friedrich Julius Stahl (1802–1861), den protestantisch-orthodoxen späteren Führer der Hochkonservativen, staatsphilosophisch begründet wurde; es ist kein Zufall, daß der lange vergessene Adam Müller und seine Lehre ausgerechnet in der Weimarer Zeit neu entdeckt und gefeiert wurden; *18*

Müller-Wusterwitz; Großgrundbesitzer aus dem Brandenburgischen Landbund; *50*

Bernhard Mumm von Schwarzenstein, ermordet; früher Legationsrat im Auswärtigen Amt, später historischer Berater der Tobis-Film; gemeinsam mit *Halem* Attentatspläne zur Beseitigung Hitlers; vom Volksgerichtshof zum Tode verurteilt; *138*

Martin Mutschmann, 1879–1945, gestorben in sowjetischer Haft; Spitzenfabrikant in Plauen; Deutschvölkischer Schutz- und Trutzbund; 1923 NSDAP; während des Verbots der Partei Landesführer des völkischen Blocks; 1925 Gauleiter von Sachsen; seit 1930 Reichstagsabgeordneter; März 1935 Ministerpräsident von Sachsen; 1939 Reichsverteidigungskommissar; *134*

Napoléon I. Bonaparte, eigentlich **Napoleone Buonaparte,** 1769–1821; 1804–1814/15 Kaiser der Franzosen; *17–20*

Naudo; Major i.G.; *109*

Artur Nebe, 1894 – 21. März 1945, ermordet; im ersten Weltkrieg Kriegsfreiwilliger; Abschied 1920 als Oberleutnant, zur Kriminalpolizei in Berlin; Juli 1931 zur NSDAP; enge Kontakte zur SS unter Kurt Daluege; April 1933 Kriminalrat, Leiter der Abteilung III (Exekutiv-Abteilung) des (preußischen) Geheimen Staatspolizeiamtes; 1935 Leiter des preußischen Landeskriminalpolizeiamtes; 1936 Leiter der Abteilung Kriminalpolizei bei Heydrich, dem Chef der Sicherheitspolizei und des SD, im Juli 1937 ausgebaut zum Reichskriminalpolizeiamt, im September 1939 als Amt V integriert in das RSHA (Reichssicherheitshauptamt); SS-Gruppenführer, General der SS; Juni – November 1941 Chef der Einsatzgruppe B; trotz seiner unzweifelhaften Beteiligung an den NS-Massenmorden in besonders herausgehobener Stellung war Nebe gleichfalls aktiv an den Staatsstreichversuchen beteiligt; schon im Spätsommer 1938 wäre es den Verschwörern ohne sein Hilfe gar nicht gelungen, das Netz der geheimen SS-Stützpunkte zu enttarnen, die beim Staatsstreich zerniert werden mußten; am 23. Juli 1944 tauchte er unter, am 16. Januar 1945 wurde er verhaftet, am 2. März 1945 vom Volksgerichtshof zum Tode verurteilt, am 21. März 1945 ermordet; *105–107, 191, FN 37 (Kap. 5)*

Nebel; siehe Nebe; *105*

Elfriede Nebgen; »Jakob Kaiser«, Stuttgart – Berlin – Köln – Mainz 1967; *FN 67–68 (Kap. 6), FN 4, 5, 7–9 (Kap. 8)*

Neubarth; Maurermeister; *22, FN 22 (Kap. 1)*

Albrecht Neuberg, geb. 1901; 1920 Ordinariat; 1926 Hilfsprediger, 1928 Pfarrer in Neuhardenberg, 1936 in Berlin-Hohenschönhausen; SA-Mitglied; *88, 90–92*

Albert Norden; »Die Nation und wir«, Berlin 1964; *85, FN 47 (Kap. 4)*

Novalis; d. i. *Georg Philipp Friedrich Freiherr von Hardenberg* aus der Wiederstedter Linie; *30*

Hans-Ulrich von Oertzen, 1915 – 20. Juli 1944, Freitod; Major i.G.; *147*

Heinz Ohff; »*Karl August von Hardenberg* oder die Klugheit der Schlange«, in »Auch sie waren Preußen. 15 Lebensbilder«, Berlin 1979; *24, FN 6–8, 10–12, 14, 16, 18, 28–29 (Kap. 1)*

Friedrich Olbricht, 1888 – 20. Juli 1944, ermordet; im 1. Weltkrieg Regimentsadjutant; 1933 Generalstabschef der 4. Division in Dresden; 1937 Generalmajor; 1938 Kommandeur der 24. Division; 1939 24. Infanterie-Division, Generalleutnant; März 1940 Chef des Allgemeinen Heeresamtes beim Oberkommando des Heeres in Berlin; 1940 General der Infanterie; bei Planung und Organisation des Staatsstreiches vom 20. Juli 1944 verantwortlich tätig; *144, 171*

Rudolf von Oppen, 1887–1954; Kadett, Mitschüler der Hohenzollern-Prinzen August-Wilhelm und Oskar; 1906 Leutnant im 1. Garde-Regiment zu Fuß; im 1. Weltkrieg im Generalstab; seit 1916 in Potsdam lebend, seit 1929 in der Höhenstraße 2, wo Hardenberg oft zu Besuch war; 1936 Major der Reserve beim Infanterie-Regiment 9 in Potsdam; 1939 Infanterie-Ersatz-Bataillon 178; Januar 1940 Kommandeur des Ersatz-Infanterie-Regiments 9 in Potsdam; dann kommandiert zum Generalstab des VIII. Armeekorps, danach Ia beim LX., später LXXXIV. Armeekorps; 1942 Chef des Generalstabes beim LXXXIII. Armeekorps, 1943 beim LXXXV. Armeekorps; 1944 Kommandeur der Brigade Oppen, dann Führer der 338. Infanterie-Division; Januar 1945 Generalmajor der Reserve; nach 1945 Direktor des Technischen Büros der Siemens-Schuckertwerke AG; *33, 97–98, 103*

Emily-Henriette (Milly) von Oppen, 1892–1982; geb. *von Arnim;* seit 1916 verheiratet mit *Rudolf von Oppen;* Kinder: Marie Christine (1917), Felicitas (1917), *Georg-Sigismund (1923); 97 – 99*

Georg-Sigismund von Oppen, geb. 1923; Sohn von *Rudolf* und *Milly von Oppen;* 1941 Abitur; Infanterie-Regiment 9 in Potsdam; Fronteinsatz am Wolchow, bei Leningrad und bei Newel; Dezember 1943 verwundet; seit März 1944 zur ambulanten Nachbehandlung zum Ersatz-Bataillon 9; das ermöglichte ihm die Verbindungen zu *Hardenberg, Ewald Heinrich von Kleist, Werner von Haeften* und *Fritz Graf von der Schulenburg* zu aktivieren; gemeinsam mit *Kleist, Ludwig Hammerstein* und *Fritzsche* Teilnahme am 20. Juli 1944; Flucht an die Front; Verhaftung Anfang August 1944; Ausstoßung aus der Wehrmacht; Ende Dezember 1944 gemeinsam mit *Kleist* und *Fritzsche* aus der Haft entlassen; Leutnant; nach 1945 Studium, Aufenthalt in Argentinien; zwei Jahrzehnte Geschäftsführer bei Ferrostahl; 1972 Teilhaber der Firma seines Freundes Boris Orentschuk; *97–98, 143–146*

Karl von Oppen-Alt-Friedland, 1901–1974; Halbbruder von *Rudolf von Oppen* aus der 2. Ehe; der Vater Heinrich von Oppen war Landrat von Ober-Barnim in der Mark, Reserveoffizier und Besitzer des Familiengutes Alt-Friedland, Neuhardenberg benachbart, wurde 1916 zum Polizeipräsidenten von Berlin ernannt; 1929 Assessor-Examen und Heirat mit Sophie von Maltzan, Freiin zu Wartenberg und Penzlin, geb. 1904, drei Kinder; Rechtsanwalt in Wriezen; konservative Grundhaltung; Teilnahme am Zweiten Weltkrieg; alte Studien-Freundschaft mit *Fritz Graf von der Schulen-*

hielt ihn für »größer als Bismarck«; 1936 Botschafter in London; 1938 Reichsaußenminister; Juni 1935 Abschluß des deutsch-britischen Flottenabkommens, November 1936 Antikomintern-Pakt, September 1938 Münchener Konferenz, August 1939 deutsch-sowjetischer Nichtangriffspakt; beeinflußte maßgeblich Beginn und anfangs auch den Verlauf der deutschen Kriegführung im Zweiten Weltkrieg; in Nürnberg im Hauptkriegsverbrecherprozeß vor Gericht gestellt, am 1. 10. 1946 in allen Anklagepunkten für schuldig befunden, zum Tode verurteilt; *111, 170*

Freiherr von Riedesel; Frühjahr 1914 in Döberitz, Offizier im 1. Bataillon des 1. Garderegiments zu Fuß; *33*

Prof. Dr. Gerhard Ritter, 1888–1967; Historiker; Promotion 1911; 1915–1918 Kriegsteilnahme; 1924 Professur in Hamburg, 1925 in Freiburg; 1944/45 in Haft wegen Zugehörigkeit zum Goerdeler-Kreis, Verfahren vor dem Volksgerichtshof; nach der Befreiung maßgeblich an der Wiederbelebung der deutschen Geschichtswissenschaft beteiligt; bedeutendster Vertreter der klassischen nationalstaatlichen pro-preußisch-protestantischen Tradition in der deutschen Historiographie des 20. Jahrhunderts; 1956 emeritiert; »Carl Goerdeler und die deutsche Widerstandsbewegung«, Stuttgart 1954; *78–79, 197, FN 20 (Kap. 4) FN 14, 15a (Kap. 6)*

von Roeder; Frühjahr 1914 in Döberitz, Offizier im 1. Bataillon des 1. Garderegiments zu Fuß; *33*

Ernst Röhm, 1887 – 1. Juli 1934, ermordet; Teilnahme am 1. Weltkrieg, 1917 Hauptmann; 1921 Generalstabsoffizier in der Brigade Epp, Kampf gegen die Münchener Räterepublik und den kommunistischen Ruhr-Aufstand; mit Hitler 1919 in Kontakt, beide wurden enge Freunde (Röhm war einer der wenigen, die *Hitler* mit »du« anredeten); 1920 zur NSDAP; unersetzlicher Organisator mit geheimen Waffenarsenalen (Maschinengewehrkönig von Bayern); November 1923 mit *Hitler* Marsch zur Feldherrnhalle; Entlassung aus der Reichswehr und Verurteilung zu anderthalb Jahren Gefängnis auf Bewährung; 1924 Reichstagsabgeordneter (Deutsch-Völkische Freiheitspartei); Organisation des Frontbann, einer bewaffneten nationalistischen Bürgerwehr, Vorstufe der später 300.000 Mann zählenden SA (Sturm-Abteilung); nach Hitlers Rückkehr aus der Festungshaft mußte Röhm allerdings die Führung niederlegen; Differenzen mit Hitler, der, im Gegensatz zu Röhm, die SA nicht paramilitärisch profilieren wollte; 1928–1930 Offizier in der bolivianischen Armee, Truppenausbilder; nach der Revolte der Berliner SA gegen *Hitler* von diesem zurückgerufen; 1930 Kommandeur der SA, 1931 SA-Stabschef; vermöge seiner Verfügungsgewalt über die SA war Röhm 1933/34 Hauptverantwortlicher für den NS-Terror wie die wilden KZs; im Dezember 1933 Reichsminister ohne Geschäftsbereich, bayrischer Staatsminister; gegen Ende 1933 machte sich unter der SA Enttäuschung breit über den geringen Ertrag der nationalsozialistischen Revolution und die zunehmende Bürokratisierung der Partei; für Röhm war die SA eine Garantie für die permanente Revolution; Röhms Ziel war ein Duumvirat mit Hitler an der Spitze als politischem Führer und Röhm selbst als Generalissimus eines großen Volksheeres unter seiner Führung, bestehend aus SA und Reichswehr; Röhms Forderung, die SA mit ihm an der Spitze zu einem selbständigen Volksheer auszubauen, alarmierte die Reichswehrgeneräle; aber die waren für Hitler ebenso unentbehrlich wie die Wahlunterstützung der Industrie; doch Röhms volksnahe Demagogie stieß das gehobene Bürgertum ab, verunsicherte die Militärs und bereitete den Großindustriellen an Rhein und Ruhr Sorgen, aber noch mehr *Göring, Goebbels* und *Himmler;* am 30. Juni 1934, in der »Nacht der langen Messer« ließ *Hitler* außer Röhm und der SA-Spitze noch zahlreiche andere ermorden, Abtrünnige ebenso wie mißliebige Politiker; die Reichswehr leistete logistische Hilfe, und die Reichsregierung erklärte durch Gesetz vom 3. Juli 1934 die Morde vom 30. Juni bis 2. Juli 1934 als »Staatsnotwehr« für rechtens; Röhm und sein Kreis wurden bezichtigt, »Revolution um der Revolution willen« gewollt zu haben; die SA war als Machtfaktor ausgeschaltet; *93, 124, 173*

Dr. Josef (Beppo) Römer, 1892 – 25. September 1944; 1911 nach dem Abitur zur Armee, 1913 Leutnant; im 1. Weltkrieg anfangs an der Westfront, Besetzung Belgiens und Frankreichs, 1915 an die Ostfront (Litauen, Kurland), 1916 wieder nach Frankreich, nach schwerer Verwundung im Juni 1918 zur weiteren Genesung nach München; November 1919 Abschied als Hauptmann; 1919 Jura-Studium in München, Promotion 1922; April 1919 Gründung des Freikorps Oberland durch Rudolf von Schottendorf, den Vorsitzenden der radikal antisemitisch-völkischen Thule-Gesellschaft; kurz amtierend als erster, besonders populärer Führer des Freikorps, Mitglieder meist Handwerker, Studenten, ehemalige Offiziere, kleinbürgerliche Intellektuelle, im Gegensatz zu anderen Freikorps, die Arbeiter für nationale Parolen prinzipiell für unempfänglich hielten; im Mai 1919 an der Niederwerfung der bayrischen Räteregierung nur mit Sperraufgaben beteiligt; den eigentlichen Terror mit Hunderten von ermordeten Arbeitern übten die militärischen Einheiten aus (Freikorps Epp, Marinebrigade Ehrhardt, Freikorps Lützow); Oktober 1919 Auflösung des Freikorps; bis zum Frühjahr 1920 regelmäßige Zusammenkünfte mit gleichgesinnten Reichswehrkameraden, meist bei Beppo Römer; zu diesem Geheimbund (Eiserne Faust, Eiserne Schar) gehörten unter anderem auch *Ernst Röhm* und *Rudolf Heß,* aus dieser Zeit kannte Römer auch *Adolf Hitler* und dessen Minderwertigkeitskomplex; Zusammenschluß der eventuell wieder einsatzbereiten in oder bei München Lebenden in einer Reserve-Kompanie Oberland, Römer einer der drei Zugführer; beim *Kapp*-Putsch (13. März 1920) hatte die bereits im Sommer 1919 gegründete Nationale Vereinigung in Verbindung mit dem Nationalclub (u. a. Borsig, Stinnes, Vögler, Ludendorff, *Hugenberg*) mit *Kapp* und *Lüttwitz* die Regierungsgewalt übernommen; der rücksichtslose Terror gegen die Anhänger der Republik löste eine Welle von Arbeitsniederlegungen, Versammlungen und Demonstrationen aus; die größten Ausmaße nahmen die Kämpfe im Ruhrgebiet an zwischen der hundertausend Mann zählenden Roten Armee und den Freikorps, der Reichswehr und der Polizei; der Generalstreik vom 15. März und die Erfolge der Roten Armee zwangen *Kapp* zur Abdankung und Flucht; die Niederschlagung der revolutionären Armee erfolgte in einem brutalen Terrorfeldzug, vor allem durch die Schützenbrigade des Obersten Ritter von Epp; Oberland traf erst am 8. April im Ruhrgebiet ein, war an der Entwaffnung der Bevölkerung, aber nicht mehr an den Kämpfen beteiligt. Nach der Rückkehr nach München, Auflösung am 30.

April 1920, Übergang in die auf Initiative des Oberforstrats Escherisch gegründete Orgesch (Organisation Escherisch), die Idee einer vom Staat losgelösten Einwohnerwehr; im Dezember 1920 war ein geheimer Bund von 62 Mitgliedern geschlossen worden, in dem Beppo Römer als Führer diktatorische Gewalt zugestanden wurde; die Empörung über die Beschlüsse der Pariser Konferenz (24. – 29. 1. 1921) löste eine nationalkommunistische Bewegung aus (Zusammengehen mit Rußland gegen die Entente); im April 1921 wurde Römer von der Polizei vernommen wegen des Verdachts, die Oberländer seien eine nationalbolschewistische Organisation; um das störende Element Oberland »nutzbringend aus Bayern zu entfernen«, wurde Oberland fast geschlossen im Mai 1921 zum Kampf gegen polnische Separatisten und Insurgenten nach Oberschlesien transportiert (Stabschef Römer, Sturm auf den Annaberg); der Kern der Auseinandersetzung war aber nicht ein Streit um »deutschen Boden«, es ging um den Besitz der Schwerindustrie von Tarnowitz, Kattowitz, Beuthen, Hindenburg (bis 1915 Zabrze) und Gleiwitz; nach dem Rücktransport Juli 1921 Auflösung der Orgesch; Neugründung des Freikorps als politischer »Bund Oberland« im Oktober 1921 (Eintragung ins Vereinsregister im Dezember 1921); Kontakt zu Kapitänleutnant Ehrhardt; Übernahme der meisten Oberländer einschließlich Beppo Römers in die NSDAP auf Veranlassung von Dietrich Eckardt; nach Verkündung des passiven Widerstands (13. 1. 1923) gegen die Rheinlandbesetzung durch Frankreich hatte vor allem Römer verschiedene Bundesmitglieder zu Aktionen aufgerufen, Leitung des aktiven Widerstands bis Mai 1923; das führte zu seinem Ausschluß aus dem Bund Oberland im März 1923 und zum Todesurteil in absentia durch ein französisches Militärgericht; 1922/1923 war Römer Justitiar beim Stinnes-Konzern gewesen (Wirtschaftsberater in der damals größten Monopolvereinigung Siemens-Rhein/Elbe-Schuckert-Union); was ihm den Abschluß seiner Dissertation (Promotion im Februar 1922 an der Universität Würzburg) ermöglicht hatte, in der er Entstehen und Arbeitsweise des Reichswirtschaftsrates von 1919 bis 1921 untersuchte und für konkrete Veränderungen plädierte; Ende 1923 – Ende 1924 als Beauftragter der deutsch-türkischen Handelsgesellschaft in der Türkei; zurück in Berlin schrieb er zahlreiche wirtschafts- und innenpolitische Artikel (als Otto Heinrich und unter anderen Pseudonymen) in der von seinem Bruder mitfinanzierten rechtsstehenden »Neuen Front«, Untersuchungen über die Ursachen der deutschen Niederlagen im Weltkrieg und späterer eigener Fehler; Tenor: die Arbeiterschaft und ihr revolutionäres Potential zum Träger des nationalen Gedankens machen; Lösung der unzähligen politischen und wirtschaftlichen Probleme sei nur möglich zusammen mit der Arbeiterschaft, unter Einschluß der KPD; im September 1926 verhaftet, Anklage wegen Spionage und Hochverrats, im November aufgrund einer Amnestie entlassen; Einstellung des Verfahrens erst 1930; in einer Pressekampagne zu einem fanatischen Nationalbolschewisten abgestempelt; nach dem Übertritt des ehemaligen Reichswehrleutnants Richard Scheringer von der nationalsozialistischen Bewegung zur KPD stellte sich Römer offen in den Dienst der Monatszeitschrift »Aufbruch« (erste Nummer Juli 1931) und deren Versuch, Kleinbürgertum, städtische Mittelschichten und sozialrevolutionäre Kreise, enttäuschte Nationalsozialisten für den Kommunismus zu gewinnen; April 1932 Eintritt in die KPD, Leitung des »Aufbruch«, Bildung von Aufbruch-Arbeitskreisen zur Unterwanderung von Reichswehr und Polizei, besonders enge Kontakte zu den Arbeitskreisen in München und Hamburg und zum Berliner Arbeitersportverein Fichte.
März bis Mai 1933 in Schutzhaft, entlassen zum 12. Jahrestag der Erstürmung des Annabergs; am 1. Juli 1934 erneut wegen Vorbereitung zum Hochverrat verhaftet, Mitte Februar 1935 ins Berliner Columbiahaus in Schutzhaft; Einstellung des Verfahrens Mitte März 1935, September 1936 Einlieferung ins KZ Dachau, Entlassung im Sommer 1939; Aufbau und Führung von Widerstandsgruppen in Berlin und München; in Zusammenarbeit mit Wilhelm Olschewski, dem Leiter des Münchener Aufbruch-Arbeitskreises, Herausgabe des seit 1940 monatlich erscheinenden »Informationsdienstes«; im folgenden Jahr Kontakt von seiner etwa hundertköpfigen Widerstandsgruppe zu *Robert Uhrig*s größerer kommunistischer Aktionsgruppe in Berlin; Bildung einer weitverzweigten Organisation mit etwa 20 Betriebszellen; durch *Mumm von Schwarzenstein* und *Nikolaus von Halem* Mitte 1940 – November 1941 Privatsekretär bei der *Ballestrem*schen Güterverwaltung in Berlin, damit sollte der bekannte Freikorpsführer und Militärspezialist in ein Attentat auf Hitler einbezogen werden; Ablehnung des geplanten Generalsputsches wegen der pro-englischen und sowjetfeindlichen Tendenzen der Verschwörung; vermutlich statt dessen Vorbereitung eines eigenen Attentatsversuchs; Verbindung zur »Roten Kapelle« Hans Coppis; Kontakt zur Walter-Budeus-Gruppe; einheitliche Leitung im September 1941; ab Oktober 1941 nunmehr gemeinsame Herausgabe des Informationsdienstes; kurz nach dem Zusammenschluß wurde eine Beschattung festgestellt, von Mitgliedern wurden drei Gestapo-Spitzel vermutet; nach einer ergebnislosen Aussprache mit *Robert Uhrig* im Januar 1942 beschloß Römer, sich wieder von ihm zu trennen; trotzdem ging die Widerstandsarbeit weiter; im Februar 1942 etwa 200 Verhaftungen vor allem in Berlin, München und Tirol; allein am 4. Februar wurden in Berlin 66 Personen durch die Gestapo verhaftet, darunter die Führer der Organisationen *Robert Uhrig*, Walter Budeus und Beppo Römer; trotzdem blieben Funktionäre unerkannt, konnten sich mit anderen Widerstandsgruppen neu verbinden; Schutzhaft (u. a. im Zuchthaus Brandenburg); Prozeß erst zwei Jahre später, Todesurteil am 19. Juni 1944 unter dem Vorsitz von Roland Freisler, am 25. September 1944 im Zuchthaus Brandenburg ermordet; 45 aus diesem Kreis, meist die aktivsten Widerstandskämpfer, wurden 1944 hingerichtet, 16 waren bereits bei den Voruntersuchungen ermordet worden; *138, FN 76 (Kap. 6)*

Susanne Römer; Oswald Bindrich/Susanne Römer, »Beppo Römer. Ein Leben zwischen Revolution und Nation«, Berlin 1991; *FN 76 (Kap. 6)*

Romanows, Zaren von Rußland

Alexander I., 1777–1825; 1801 Zar; war angeblich informiert über den Staatsstreich, bei dem sein Vater und Vorgänger Paul I. ermordet wurde; die nur teilweise durchgeführten Reformen eines bürokratischen Liberalismus hatten die autokratische Gewalt vervollkommnen sollen; die repressive Innenpolitik der letzten Regierungszeit löste den Aufstand der Dekabristen aus (Dezember 1825); seine besonders durch die Kriege mit (1807–1809) und gegen Napoleon I. sowie durch die polnische und orientalische Frage bestimmte Außenpolitik verband europäisches Sendungsbewußtsein und expansives russisches Machtstreben; er erwarb Finnland und Bessarabien und erzwang auf dem Wiener Kongreß 1815 als »Retter Europas« die Anerkennung eines mit Rußland in Personalunion verbundenen Königreichs Polen; Stifter und führender Kopf der »Heiligen Allianz«; *18, 19*

Alexander II., 1818–1881; 1855 Zar; Nachfolger seines Vaters Nikolaus I.; beendete den Krimkrieg (1853–1856) und konsolidierte das durch den Krieg erschütterte russische Reich durch innere Reformen (1861 Aufhebung der bäuerlichen Leibeigenschaft; 1862–1866 Heeres-, Justiz-, Finanz-, Verwaltungs- und Schulreform); allgemeine Russifizierungspolitik; 1863 blutige Niederwerfung des polnischen Aufstandes; preußenfreundlicher Kurs 1866 und 1870/71, erreichte Aufhebung der Pontusklausel und Dreikaiserbund; asiatische Expansion, insbesondere Eroberung Turkestans seit 1864; erfolgreicher Türkenkrieg 1877/78 brachte nur den Rückgewinn von Südbessarabien; er hatte drei Attentate überlebt, als er 1881 durch den Bombenanschlag einer Anarchistengruppe ums Leben kam; *31*

Rosenberg, geschäftsführendes Vorstandsmitglied im Deutschen Herrenclub; *84*

Hieronymus Roth, 1606–1678; Schöppenmeister, als preußischer Ständevorsteher 1660 in Königsberg Gegner des *Großen Kurfürsten,* von diesem eingekerkert; *FN 19 (Kap. 7)*

Gerd von Rundstedt, 1875–1953; seit 1893 Offizier; im 1. Weltkrieg Generalstabsoffizier in der Türkei und in Frankreich; rasche Karriere bei der Reichswehr; 1927 Generalmajor; März 1929 Generalleutnant; Oktober 1932 General der Infanterie, Oberbefehlshaber des Gruppenkommandos I in Berlin; März 1938 Generaloberst; Abschied im Oktober 1938; reaktiviert im Sommer 1939; im Polenfeldzug Oberbefehlshaber der Heeresgruppe Süd; im Frankreich-Feldzug Oberbefehlshaber der Heeresgruppe A; Vorstoß durch Belgien und Nordfrankreich, über die Ardennen bis zur Kanalküste; *Hitler* befahl ihm bei Dünkirchen Halt, so daß die britischen Expeditionsstreitkräfte nach England entkommen konnten; Juli 1940 Generalfeldmarschall; September 1940 Ritterkreuz; Oberbefehl über den Hauptteil der für die Invasion in England vorgesehenen Truppen, doch die »Operation Seelöwe« wurde vertagt; Oberbefehlshaber West 1940/41; im Juni 1940 Oberbefehlshaber Süd (Ukraine); seine Truppen hatten die Krim und das Donezbekken überrannt und waren bis Rostow am Don vorgestoßen; nachdem Rundstedt aber aus taktischen Gründen entgegen *Hitler*s Befehl Rostow wieder geräumt hatte, wurde er im November 1941 abberufen, durch Reichenau ersetzt; ab März 1942 wieder Oberbefehlshaber West (Heeresgruppe D); am 6. Juli 1944, einen Monat nach Invasionsbeginn, seines Postens enthoben; Vorsitz bei dem Ehrengericht zur Ausstoßung der an der Verschwörung des 20. Juli beteiligten Generäle; auch Rundstedt hatte von den Plänen gewußt, sich dem Widerstand aber nicht anschließen wollen; Anfang September als Oberbefehlshaber West zurückberufen, brachte Mitte September den alliierten Vormarsch zum Stehen; doch auch die Ardennenoffensive vom Dezember 1944 konnte das Blatt nicht mehr wenden; im März 1945 endgültig entlassen; bei Kriegsende in britische Gefangenschaft; Rundstedt hatte im Juni 1942 befohlen, Angehörige britischer Kommandoeinheiten der Gestapo auszuliefern, dafür sollte er vor Gericht gestellt werden; wegen seines schlechten Gesundheitszustandes wurde das Verfahren ausgesetzt; im Mai 1949 wurde er wegen Krankheit aus der britischen Kriegsgefangenschaft entlassen, lebte aber noch bis Februar 1953; *126*

Peter Semenowitsch Graf Saltikow (Pjotr Semjonowitsch Soltikow), 1701–1772; im Siebenjährigen Krieg seit Mai 1759 Oberbefehl über die russische Armee; im Juli 1759 Sieg über General Wedel bei Kai; im August nach der Vereinigung mit *Laudon* der entscheidende Sieg bei Cunersdorf über Friedrich II.; dafür Feldmarschall; später Generalgouverneur in Moskau; *65*

Prof. Ferdinand Sauerbruch, 1875–1951; 1895–1901 Studium in Marburg; 1905 Habilitation in Breslau; Chirurg in Breslau (1903–1905), Marburg (1907–1910), Zürich (1910–1918), München; 1914 als Kriegsfreiwilliger beratender Chirurg des XV. Armeekorps; nach 1918 ein typischer Vertreter jener sich für unpolitisch haltenden Mediziner, die gegen alles, was links von ihrem eigenen Standpunkt war, vehement opponierten; konservativ-national, hielt 1919 in München vor Studenten eine begeistert aufgenommene Rede , das »deutsche Vaterland« müsse »nach allen Demütigungen« wieder den Platz erringen, den es verdiene; 1927 Ordinarius, 1928 Direktor der chirurgischen Klinik an der Berliner Charité; Sauerbruch war einer der namhaftesten jener 960 Professoren, die sich im Herbst 1933 öffentlich für Hitler und das NS-Regime aussprachen; zeitweise begeisterter Anhänger der Nationalsozialisten, protestierte Sauerbruch zwar gegen die Euthanasie, lehnte auch einzelne Aspekte der NS-Ideologie ab, verweigerte aber dem NS-Staat nie seine Hilfe, nahm dessen Ehrungen gerne an; auf dem Reichsparteitag 1937 erhielt er gemeinsam mit August Bier den ersten (als Anti-Nobel-Preis) von *Hitler* gestifteten Nationalpreis; mit seiner für unpolitisch gehaltenen Einstellung förderte er letztlich, bewußt oder unbewußt, das NS-Regime; 1942 Generalarzt des Heeres; noch nach dem Zweiten Weltkrieg schrieb Sauerbruch in seinen Memoiren unter der Überschrift »Krieg, der blutige Lehrmeister«, für den Chirurgen sei der Krieg ein spannendes und ungeheuer lehrreiches Erlebnis; da er den »Horror des Laien vor dem Anblick von Blut, Wunden und Schmerz beim Mitmenschen« nicht teile, könne er »heißen Herzens und kühlen Auges« Beobachtungen machen, »die sonst nirgends anzustellen« seien; im Dritten Reich galt Sauerbruch als bedeutendster deutscher Arzt; zu seinen Patienten zählte die NS-Führungsspitze einschließlich *Hitler* und *Goebbels;* dem in Afrika schwerverwundeten *Stauffenberg* soll er das Leben gerettet haben; Sauerbruch war mit Generaloberst *Ludwig Beck* befreundet und genoß das Vertrauen von Widerstandskreisen, war aber nicht eigentlich in die Offiziersverschwörung gegen Hitler verwickelt; von einer deutschen Entnazifizierungskammer freigesprochen; 1949 wegen ständiger Auseinandersetzungen mit dem Volksbildungsministerium seiner Stellung enthoben; *78, 79, 83, 141*

Schaberath; Landrat vom Kreis Lebus in der Weimarer Zeit; *51*

Hjalmar (Horace Greely) Schacht, 1877–1970; 1903 Chef des Wirtschaftsarchivs der Dresdener Bank, fünf Jahre später stellvertretender Direktor; 1916 Direktor der (privaten) Nationalbank, ab 1922 der Danatbank (die fusionierte Darmstädter und Nationalbank); November 1923 Reichswährungskommissar; Dezember 1923 Reichsbankpräsident, die Einführung der Rentenmark stoppte die Inflation; Beginn der Währungsstabilisierung, an deren Vorbereitung er nicht beteiligt gewesen war, die er auch, trotz loyaler Unterstützung, als überzeugter Goldwährungsanhänger immer skeptisch beurteilte; Eintreten für eine Begrenzung der Auslandsschulden; seit seiner Teilnahme an den Dawes-Plan-Konferenzen 1924 war er auch führend an den Reparationsverhandlungen beteiligt; 1929 deutscher Delegationsleiter auf der Pariser Sachverständigenkonferenz, die das Dawes-Abkommen revidierte und mit der Annahme des Young-Plans Deutschland entlastete; im März 1930 Rücktritt von dieser Funktion aus Protest gegen die Billigung der Haager Beschlüsse vom Januar 1930 zur Durchführung des Young-Plans, dadurch habe die Reichsregierung die von ihm ausgehandelten Bedingungen verschlechtert; im April 1930 auch Rücktritt vom Posten des Reichsbankpräsidenten; entfachte eine immer schärfere Agitation gegen weitere Reparationszahlungen und Auslandsschulden; 1918 war er Mitbegründer der DDP (Deutsche Demokratische Partei) gewesen, Austritt 1926; nun driftete er immer weiter nach rechts; schloß sich der Harzburger Front an, auf deren Gründungsversammlung im Oktober 1931 er eine aufsehenerregende Rede hielt (für ein »großes und starkes Deutschland« sei er »bereit, selbst einen Bund mit dem Teufel einzugehen«); Schacht trug wesentlich dazu bei, *Hitler* in Kreise des Großkapitals einzuführen; nicht zuletzt auf sein Betreiben hin unterstützten die Spitzen der deutschen Schwerindustrie (Krupp, die Vereinigten Stahlwerke, die I. G. Farben) die Nationalsozialisten wie die Deutschnationalen bei dem Wahlkampf 1933; er drängte Hindenburg bereits im November 1932 und wieder 1933, den Führer der NSDAP zum Reichskanzler zu ernennen; im März 1933 wieder Reichsbankpräsident und im August 1934 auch Reichswirtschaftsminister; Schacht wurde zum finanziellen Architekten des NS-Regimes, (Abbau der Arbeitslosigkeit, Finanzierung der Aufrüstung); allerdings stand seine Wirtschaftspolitik (Sicherung hoher Gewinnspannen, Stärkung des freien Unternehmertums, keinen Zugriff der Partei auf die Großindustrie) im Gegensatz zur offiziellen NS-Doktrin; Mai 1935 Generalbevollmächtigter für die Kriegswirtschaft; nach Beseitigung der Arbeitslosigkeit versuchte Schacht 1937 zur Verhinderung von Geldentwertung und einer neuen Inflation die Kreditausdehnung einzuschränken; damit geriet er in Widerspruch zu *Hitler* und *Göring;* im November 1937 Rücktritt von seinen Posten als Reichswirtschaftsminister (Nachfolger Funk) und Generalbevollmächtigter für die Kriegswirtschaft (Nachfolger *Göring*); während der Sudetenkrise im Herbst 1938 wurde ihm vom Generalstabschef *Halder* die Kanzlerschaft angetragen, als *Beck – Oster – Witzleben* den Staatsstreich vorbereiteten, der durch das Münchener Abkommen vereitelt wurde; bis Januar 1943 blieb er noch Reichsminister ohne Geschäftsbereich, aber schon im Januar 1939 trat er auch von seinem Posten als Reichsbankpräsident zurück; für sein Ziel, die fieberhafte Geldentwertung zu bremsen, näherte er sich wieder den Konservativen, der Widerstandsbewegung um *Goerdeler,* doch ohne sich ihr je richtig anzuschließen; dennoch wurde er am 29. Juli 1944 verhaftet, zunächst in das KZ Ravensbrück eingeliefert, später ins KZ Flossenbürg überstellt; im April 1945 von amerikanischen Truppen befreit, im Nürnberger Hauptkriegsverbrecherprozeß angeklagt, aber gegen den ausdrücklichen Protest des sowjetischen Richters freigesprochen; 1947 von einer Stuttgarter Spruchkammer zu acht Jahren Arbeitslager verurteilt, die Ludwigsburger Berufungskammer hob den Stuttgarter Spruch auf; im September 1948 aus der Haft entlassen; im November 1950 endgültiger Freispruch; danach begann eine zweite Karriere als Finanzberater von Entwicklungsländern und als Bankier; er machte ein Vermögen als Mitinhaber der von ihm 1953 gegründeten Außenhandelsbank Schacht & Co. Düsseldorf; »Abrechnung mit Hitler«, 1948; »76 Jahre meines Lebens«, Autobiographie, 1953; *54–55, 78, 79, 85, 157, 175, 198; FN 67 (Kap. 3)*

Johann Gottfried Schadow, 1764-1850, Bildhauer, Zeichner und Graphiker

Schapelow; brandenburgisches Geschlecht; *12*

Kurt Scharf; Präses der evangelischen Kirche Berlin, später Bischof; *186*

Gerhard Johann David (seit 1802) **von Scharnhorst,** 1755–1813; seit 1801 in der preußischen Armee; Lehrer und Direktor der Akademie für junge Offiziere in Berlin; 1802 Stiftung der militärischen Gesellschaft; 1804 Oberst; militärtheoretische Schriften zur Heeresreform; nach dem Frieden von Tilsit 1807 Generalmajor und Vorsitzender der Militär-Reorganisationskommission; vortragender Generaladjutant König Friedrich Wilhelms III.; zusammen mit den Heeresreformern Gneisenau, Grolmann, *Boyen, Clausewitz* und anderen schuf er eine moderne Armee, wofür die *Stein*schen Reformen die Voraussetzungen lieferten; Scharnhorst verstand es, den König so zu beraten, daß auch Neuerungen verwirklicht werden konnten, Verknüpfung von friderizianischen Überlieferungen mit jakobinischen Elementen (z. B. das Krümpersystem, Voraussetzung für Landwehr und Landsturm); 1808 erste Einrichtung einer militärischen Fachbehörde (Kriegsdepartement, später Kriegsministerium) unter Scharnhorst; 1810 Eröffnung der Allgemeinen Kriegsschule in Berlin unter seiner Leitung (Generalstabschef); Reisen nach Wien und St. Petersburg zur Vorbereitung einer Erhebung gegen Frankreich; 1813 Generalleutnant; als faktischer Kriegsminister leitete Scharnhorst von Breslau aus die Aufstellung der Freiwilligen-Truppen und der Landwehr; er bereitete das Bündnis mit Rußland vor und unterzeichnete im Februar 1813 mit Marschall Kutusow den Vertrag von Kalisch; im Frühjahrsfeldzug 1813 führte er die Schlesische Armee; er starb an den Folgen einer in der Schlacht von Großgörschen (2. 5. 1813) erlittenen Verwundung; *16*

Reinold Schattenfroh; Johannes Tuchel/Reinold Schattenfroh, »Zentrale des Terrors. Prinz-Albrecht-Straße 8: Hauptquartier der Gestapo«, Berlin 1987; *FN 60 (Kap. 7)*

Wilhelm Scheidt; 1912–1954; *182*

Max von Schenkendorff, 1875–1943; General der Infanterie; 1941 Befehlshaber des Rückwärtigen Heeresgebietes Mitte; *106–107*

Bodo Scheurig; »Henning von Tresckow, ein Preuße gegen Hitler«, Berlin 1990 (Oldenburg/Hamburg

1973); *FN 37 (Kap. 5)*
Wilhelm Freiherr Schilling von Canstatt, 1873–1958; *Hardenbergs* Schwager, verheiratet mit *Elisabeth Gräfin von Hardenberg-Neuhardenberg; 33, 42, 156, 157, FN 3 (Kap. 2)*
Elisabeth Freifrau Schilling von Canstatt, 1890–1969; geb. Gräfin von Hardenberg-Neuhardenberg, Hardenbergs Schwester; verheiratet mit *Wilhelm Freiherrn Schilling von Canstatt; 30, FN 3 (Kap. 2)*
Karl Friedrich Schinkel, 1781–1841; Baumeister und Maler, Hauptmeister der klassizistischen Baukunst in Deutschland; Lehrjahre im Atelier des bekannten Baumeisters David *Gilly* und dessen Sohn Friedrich; Studienreisen nach Italien und Frankreich; 1810 Eintritt in den Staatsdienst, 1815 Oberbaurat, 1838 Oberlandesbaudirektor; beeinflußte die Bautätigkeit Berlins entscheidend, prägte durch zahlreiche Bauwerke und Innenausstattungen den aus Antike und Romantik schöpfenden preußischen Klassizismus; zu seinen frühesten Bauwerken gehören die Kirche von Neuhardenberg und die Umgestaltung des Schlosses; *14–15, 21–22, 24–25, 89–90, 188; FN 1, 3, 22, 23, 25 (Kap. 1)*
Dr. Fabian von Schlabrendorff, 1907–1980; Jura-Studium in Halle und Berlin; der Rechtsanwalt Fabian von Schlabrendorff stand in Verbindung zu dem bei der Abwehr tätigen Hans Oster, gehörte schon im Herbst 1938 zu dem engsten Kreis der Mitwisser, die während der Sudetenkrise einen Staatsstreich vorbereiteten, *(Beck, Witzleben, Oster, Halder, D. Bonhoeffer, Lüninck, F. Schulenburg, Helldorf, Nebe, Gisevius)*, zu dem es dann wegen des Münchener Abkommens nicht mehr kam; ab 1941 zog ihn *Tresckow* als seinen Ordonnanzoffizier in der Heeresgruppe Mitte ins Vertrauen; Schlabrendorffs Aufgabe bestand vor allem in der Herstellung von Verbindungen zwischen den Widerstandsgruppen an der Front und in Berlin; im Frühjahr 1943 wirkte er zweimal an der Vorbereitung eines Attentats auf *Hitler* mit; am 17. August 1944 an der Front verhaftet, in der Nacht vom 18. August ins Prinz-Albrecht-Palais, das Gestapo-Hauptquartier, eingeliefert, wo er monatelang blieb und schrecklich gefoltert wurde, um Namen zu erpressen; am 7. Februar 1945 vor dem Volksgerichtshof, als ein schwerer Luftangriff begann, bei dem *Freisler*, Schlabrendorffs Akten in der Hand, von einem Balken erschlagen wurde; am 16. März 1945 erneut vor dem Volksgerichtshof, Schlabrendorff berichtete ausführlich von den Folterungen; das Gericht sprach ihn frei und hob den Haftbefehl auf, aber natürlich wurde er in das Gestapo-Hauptquartier zurücktransportiert; Ende März wurde er dann ins KZ Flossenbürg verschleppt, von dort am 12. April nach Dachau, einige Tage später in ein KZ bei Innsbruck; schließlich schützte eine Wehrmacht-Kompanie die Gefangenen vor der SS-Wachmannschaft; befreit wurden Schlabrendorff und die Mithäftlinge erst am 4. Mai 1945 , 48 Stunden nach der Kapitulation der deutschen Truppen in Italien; Oberleutnant der Reserve; 1945 Rechtsanwalt; 1967–1975 Bundesverfassungsrichter in Karlsruhe; Johanniter; »Offiziere gegen Hitler«, Zürich 1946; »Begegnungen in fünf Jahrzehnten«, Tübingen 1979; »Eugen Gerstenmaier im Dritten Reich«, 1965; *37, 64, 86, 108, 123, 128, 130, 151, 173, 175–176, 193, 198, 203, FN 4, 7 (Kap. 2), FN 94b (Kap. 3), FN 54, 75 (Kap. 4), FN 46, 47 (Kap. 5), FN 95 (Kap. 6), FN 38, 41, 49, 54, 58, 63, 67, 68 (Kap. 7), FN 97 (Kap. 8)*
Kurt von Schleicher, 1882 – 30. Juni 1934, beim sogenannten Röhmputsch zusammen mit seiner Frau ermordet; seit 1913 im Generalstab; im 1. Weltkrieg im Generalstab und in der OHL (Oberste Heeresleitung), 1918/19 politischer Referent im Stabe Groeners, Verbindungsmann zur provisorischen Regierung Ebert, dann im Truppenamt enger Mitarbeiter Seeckts; 1926 Abteilungsleiter im Reichswehrministerium; 1929 Chef des neu errichteten Ministeramts (Staatssekretär) unter Groener; großer Einfluß hinter den Kulissen; Juni 1932 Reichswehrminister; Dezember 1932 – Januar 1933, 57 Tage lang Reichskanzler; sein innenpolitischer Hauptgegner war die NSDAP; seinen Plan, mit Hilfe von Wehrmacht und Gewerkschaft Hitlers Einfluß zu begrenzen, konnte er nicht verwirklichen; doch *Hitler* vergaß nicht, daß Schleicher ihn so kurz vor dem Ziel noch hatte verhindern wollen; er ließ ihn 17 Monate später ermorden; *69–72, 93*
Schlieben; brandenburgisches Geschlecht; *65*
Jürgen Schmädecke; und *Peter Steinbach*, »Der Widerstand gegen den Nationalsozialismus«, München 1986; *FN 15a (Kap. 6)*
Adolph (August Karl) Schmelzer auf Sachsendorf/Oderbruch, 1833–1913; Ökonomie-Studium; Verwaltung der Domäne Ampfurt und des Rittergutes Bleckendorf, Kreis Wanzleben; seit 1865 Verwalter der Domäne Sachsendorf, 1874 Oberamtmann; 1881 Amtsrat, Besitzer der Rittergüter Rathstock mit Lehngut Hathenow, Tucheband und Hackenow sowie der Zuckerfabrik Sachsendorf; 1879 Pächter des Bruchvorwerks Friedersdorf, Besitzer Landrat von der Marwitz; seit 1908 Mitbesitzer (zu drei Vierteln) des Edelhofes Gröningen bei Halberstadt sowie des Gutes Sachsendorf; Einführung zahlreicher landtechnischer Neuerungen: der erste Dampfpflug der Gegend, die erste dampfgetriebene Dreschmaschine; fast alle Güter zogen nach; in der konservativen Partei seines Kreises nahm er eine herausragende Stellung ein; sechs Jahrzehnte nach seinem Tod hielt ihm Bodo von der Marwitz eine Laudatio und Gedenkrede; *76–77, FN 12 (Kap. 4)*
Schmidt; Konservativer, der 1948 verschleppt wurde; *194*
Paul Schmidt; SPD-Wahlkampfredner 1932 aus Frankfurt/Oder; *69*
Rudolf Schmundt, 1896–1944; 1921–1929 Oberleutnant im Infanterie-Regiment 9; Januar 1938 Chefadjutant des Heeres beim Führer und Oberbefehlshaber der Wehrmacht; August 1939 Oberst; Januar 1942 Generalmajor; Oktober 1942 Chef des Heerespersonalamtes; April 1943 Generalleutnant; September 1944 General der Infanterie; beim Attentat auf Hitler schwer verletzt, im Lazarett Rastenburg verstorben; *111*
Willi Schneckenburger, 1891–1944; Reichswehr; August 1936 Oberst, Abteilungschef im Generalstab des Heeres; September 1939 stellvertretender Generalstabschef des III. Armeekorps; Juli 1940 Generalmajor; Oktober 1940 – Dezember 1942 125. Infanteriedivision; Juli 1942 Generalleutnant; 1943 deutscher General beim rumänischen Armeeoberkommando III; Mai – September 1943 General der Infanterie, XVII. Armeekorps; Juni 1944 Chef der deutschen Militärmission in Bulgarien; 1944 Korps Belgrad; Mitte Oktober 1944 gefallen; *103*
Klaus Scholder; Historiker; »Die Mittwochgesellschaft«, Berlin 1982; *84, FN 44 (Kap. 4)*
Geschwister Scholl – Hans (geb. 1918), **Sophie** (geb. 1921), beide ermordet am 22. 2. 1943; anfänglich begeisterte Mitglieder der NS-Jugendverbände HJ und BDM; aufgrund eigener Kriegserlebnisse und

der Niederringung der Diktatur eine »einzigartige Chance«, diese bis dahin in Deutschland nie verwirklichten demokratischen Grundideen zum Bau einer modernen, sozialen und dauerhaften Demokratie durchzusetzen; auch dem kommenden Aufbau der Städte maß er in diesem Zusammenhang große Bedeutung bei; an dem Entwurf für eine Verfassung (Beck, Popitz, Jessen, Planck) war er mitbeteiligt; nach dem Sturz des *Hitler*-Regimes hatte er als Staatssekretär, gemeinsam mit Leber, das Innenministerium leiten sollen; Oberleutnant d. R., stand am 20. Juli an der Seite Stauffenbergs in der Bendlerstraße; als der Fehlschlag der Aktion erkennbar wurde, sagte er nur: »Offenbar muß das deutsche Volk diesen Kelch bis zur letzten Neige leeren. Wir müssen uns opfern, später wird man uns verstehen.«; in völliger Ruhe vernichtete er im Bendlerblock den Inhalt seiner Aktentasche, in Erwartung der Verhaftung, nachdem das Attentat gescheitert war; am 10. August 1944 erklärte er dem Volksgerichtshof: »Wir haben diese Tat auf uns genommen, um Deutschland vor einem namenlosen Elend zu bewahren. Ich bin mir klar, daß ich daraufhin gehängt werde, aber ich bereue meine Tat nicht!«; vom Richter gefragt, was er »sich eigentlich bei dem Staatsstreich gedacht habe«, gab er zur Antwort: »Warten Sie drei Monate. Die Situation, die Sie dann erleben, ist die, von der wir in unseren Überlegungen und Entschlüssen ausgegangen sind.«; zum Tode verurteilt, schrieb er seiner Frau: »Was wir getan, war unzulänglich, aber am Ende wird die Geschichte richten und uns freisprechen.«; noch am selben Tage wurde er in Plötzensee ermordet; *93, 116, 123, 133–135, 137, 141–146, 148, 157, 171, 175, FN 41a (Kap. 5), FN 1, 89 (Kap. 6)*

Günther Schulz von-Heinersdorf, 1881–1938; Majoratsherr, Fideikommißbesitzer von Heinersdorf und Herr auf Behlendorf (Kreis Lebus); Rittmeister d. R. a. D. im Jäger-Regiment zu Pferde Nr. 9; *61*

R. Schulz; Historiker; *191–192, FN 38, 48, 82 (Kap. 8)*

Dr. Schumann; Arzt aus Neuhardenberg; *157, 158, 160*

Wolfgang Schumann; Autorenkollektiv unter Leitung von Wolfgang Schumann, »Deutschland im Zweiten Weltkrieg«, Band 6, 1985; *FN 70 (Kap. 7)*

Schwerin; brandenburgisches Geschlecht; *65*

Ulrich-Wilhelm Graf Schwerin von Schwanenfeld, 1902 – 8. September 1944, ermordet; Landwirtschaftsstudium an der Technischen Hochschule in München; erlebte dort im November 1923 den Hitlerputsch, den er ablehnte; beteiligte sich aktiv am Kampf gegen die Putschisten; ebenso entschieden wies er die wiederholten Werbungen von Korpsstudenten und Burschenschaftlern zum Eintritt in ihre Verbindungen ab; während seiner Breslauer Zeit, Diplomprüfung 1925, stand er in enger Verbindung zu seinen ehemaligen Schulkameraden *Peter Graf von York,* Albrecht von Kessel und Botho von Wussow; ihr Diskussionsthema: die politische Erneuerung Deutschlands auf christlich-sozialer Grundlage; sein politisches Interesse wuchs mit der zunehmenden Radikalisierung der Nationalisten; 1932 äußerte er schwere Bedenken gegen die Wiederwahl Hindenburgs; bei der Machtübergabe an Hitler sah er die kommende Katastrophe klar voraus; um ihr entgegenzuwirken sammelte er einen Kreis Gleichgesinnter um sich; 1934 zählten zu diesem Freundeskreis Männer wie Adam von Trott zu Solz, Eduard Brücklmeier und Josias von Rantzau; bereits 1935 erkannte Schwerin, »daß eine Befreiung Deutschlands von den Nationalsozialisten nur durch den gewaltsam herbeizuführenden Tod *Hitlers* zu erhoffen sei«; deswegen suchte er noch intensiver Verbindung zu anderen Widerstandsgruppen und fand bald Kontakt zu *Oster,* Dohnanyi und deren Kreis; mit Witzleben und anderen Offizieren aus dem militärischen Widerstand durch persönliche Freundschaft verbunden, wurde er, der Zivilist, während der Sudetenkrise im Sommer/Herbst 1938 das führende Verbindungsglied zwischen den militärischen und zivilen Stellen, die Hitler zu stürzen entschlossen waren; sein Sohn Christoph erinnerte sich: »Kurz vor dem Besuch Chamberlains in München fand in unserem Haus in Göhren eine letzte Zusammenkunft der führenden Persönlichkeiten statt, wobei die abschließenden Richtlinien für die Umsturzaktion gefaßt wurden. Der überraschende Flug Chamberlains ließ die auf dieser Zusammenkunft gefaßten Beschlüsse nicht zur Durchführung kommen. Trotz der großen Enttäuschung nahmen die Freunde die Ausarbeitung neuer Pläne auf. Mein Vater war auch in den Plan, *Hitler* bei einem Besuch am »Westwall« Anfang 1939 zu beseitigen, eingeweiht. Dann bei Ausbruch des Krieges wurde mein Vater eingezogen und machte in den vordersten Linien den Polenfeldzug mit. Nach dessen Beendigung kam er als Ordonnanzoffizier zu *Witzleben* und hielt – in der Fortsetzung seiner politischen Tätigkeit – die Verbindung zwischen Witzleben und anderen Generalen. Das im Frühjahr 1942 geplante Attentat hat er gemeinsam mit Oster und seinen nächsten Freunden ausgearbeitet. Nach der Verabschiedung *Witzlebens* mußte auch er als »politisch nicht zuverlässig genug« seinen Posten aufgeben, kam für kurze Zeit nach Utrecht, um bald darauf von Oster nach Berlin geholt zu werden, wo er in den verschiedensten Stellungen seine ganze Kraft den Vorbereitungen zum Sturz des Regimes widmete. Seine Arbeit hat ihn dann engstens mit Leber, *Leuschner* und Mierendorff zusammengeführt. In der letzten Zeit vor dem Juli 1944 war er sich jedoch völlig bewußt, daß die gewaltsame Beseitigung des nationalsozialistischen Regimes die Katastrophe für Deutschland nicht mehr abwenden könne. Doch er meinte: auch ein Scheitern würde beweisen, daß man kein Opfer scheue, um sich von der geistigen Krankheit des Nationalsozialismus zu befreien«; charakteristisch für seine Auffassung von der Pflicht als Mensch und als Soldat bleiben die Worte, die er einem der Söhne im April 1944 bei der Konfirmation mit auf den Lebensweg gab: »Täglich und stündlich werden an uns Forderungen gestellt, und wir sind gehalten, unsere Pflicht zu erfüllen. Es ist nicht immer leicht, zu entscheiden, was die Pflicht ist. Wenn Du vor einer Wahl stehst, daß Du mehrere Wege beschreiten kannst, so wähle stets den schwereren, und Du kannst sicher sein, daß Du den richtigeren gewählt hast. Du siehst daran, daß die Erfüllung der Pflicht schwer, ja oft sogar hart ist, ganz gleich, ob sie herantritt an den Schüler oder an den Soldaten, an den Mann im Berufsleben oder an die Hausfrau. Die höchste Anforderung erlebst Du heute täglich im Kriege, wenn die Pflicht von dem Soldaten sein Höchstes, nämlich sein Leben, fordert. Es wäre aber unrichtig, in der Erfüllung der Pflicht nur das Bedrückende zu sehen. Ich erinnere

Dich an ein Wort Deines Großvaters, der sagte, Pflicht ist mir Freude. Wer die Pflicht so sieht, wird in allen Lebenslagen aus ihr die stärksten Kräfte sammeln können.«; Diplomlandwirt; durch Erbschaft Großgrundbesitzer in Mecklenburg und Westpreußen; Hauptmann d.R., zuletzt im Stabe des Generalquartiermeisters; einer der am frühesten Entschiedenen und Aktivsten im Widerstand, hauptsächlich als Verbindungsmann zwischen zivilen und militärischen Gruppen; nach dem Umsturz vorgesehen als Staatssekretär beim Reichspräsidenten; Johanniter; als er am Abend des 20. Juli mit Eugen Gerstenmaier aneinandergefesselt aus der Bendlerstraße abgeführt wurde, sagte er zu diesem: »Man kann schließlich nicht mehr tun, als dafür zu sterben.«; in Polen hatte er als Augenzeuge den Terror von Gestapo und SS kennengelernt; am 8. September 1944 antwortete er *Freisler* auf dessen Frage nach seinen Motiven, er sei zum Gegner dieses Systems geworden wegen »all seiner Morde in und außerhalb Deutschlands«; zum Tode verurteilt , wurde er noch am selben Tag in Plötzensee ermordet; *116, 141, 193, FN 1 (Kap. 6)*

Detlef Graf von Schwerin; »Dann sind's die besten Köpfe, die man henkt«, München 1991; *FN 2, 89 (Kap. 6)*

Hans von Seeckt, 1866–1936; seit 1887 Offizier; seit 1899 wiederholt im Großen Generalstab; im 1. Weltkrieg Generalstabschef der 11. Armee, dann der Heeresgruppe Makkensen, dann österreichisch-ungarischer Heeresgruppen, Dezember 1917 des türkischen Heeres; 1919 Chef des Truppenamtes im Reichswehrministerium, März 1920 – Oktober 1926 Chef der Heeresleitung als Nachfolger des Generals Reinhardt; vom 8. November 1923 an war er Inhaber der vollziehenden Gewalt zur Sicherung des Reiches gegen innere Gefahren, nutzte diese Vollmachten jedoch nicht gegen die Republik, legte seine Machtbefugnisse schon Ende Februar 1924 freiwillig wieder nieder; massiver Einsatz der Reichswehr gegen Gegner von links (Reichsexekutionen gegen 1923 befürchtete sozialistisch-kommunistische Umsturzversuche in Sachsen und Thüringen); bei Umsturzversuchen von rechts – Kapp-Putsch (März 1920), Hitler-Putsch (November 1923) – verfolgte er dagegen eine Hinhaltetaktik; war dabei nur scheinbar neutral: zwar verweigerte er den Putschisten die Unterstützung der Reichswehr, aber gleichzeitig weigerte er sich, die Republik durch die Reichswehr, die Armee der Republik, zu verteidigen; »Truppe schießt nicht auf Truppe«, damit wurde die Reichswehr zu einer Art Staat im Staate, zum eigentlichen Machthaber, der von den Auseinandersetzungen zwischen Demokraten und den Feinden der Republik auf der Rechten gänzlich unberührt blieb; Seeckt, der Schöpfer der Reichswehr, verlieh ihr durch hohen Ausbildungsstand Elitecharakter, verhinderte jedoch ihre Integration in die Republik (strikte Entpolitisierung bei gleichzeitiger wohlwollender Duldung oder sogar Förderung monarchistisch- nationalistischer Traditionen); im Kaiserreich hatte sich die Truppe mit dem Staat identifiziert, der Republik stand sie ganz überwiegend fremd oder offen verächtlich-feindselig gegenüber; dabei hatte er die Truppe nur aus der Tagespolitik heraushalten wollen und sie deshalb auch von der Weimarer Republik ferngehalten, die er für eine nur vorübergehende Erscheinung hielt, sowieso in Bälde durch irgendein monarchisches Staatswesen wieder ersetzt; doch ohne Bindung an die Demokratie fehlte es der Truppe an Widerstandskraft gegen das NS-Regime, war die Reichswehr jedem eine leichte Beute, der Aufrüstung, Erhöhung der Sollstärke und Einsatz versprach; für die Reichswehr war Seeckt zu einer Art Ersatz für den Monarchen geworden und auch zum politischen Haupt des Offizierskorps; den alldeutschen Chauvinisten stand er aber fern, und er war erst recht kein Antisemit, doch als unbedingter Monarchist ein Gegner der parlamentarischen Demokratie, deren Regeln er unbedenklich mißachtete, auch darin beispielgebend für das Offizierskorps; im Oktober 1920 General der Infanterie, im Januar 1926 Generaloberst, wurde der allzu selbstherrliche oberste Militär wegen politischer Differenzen verabschiedet (Manöver-Teilnahme eines Hohenzollernprinzen); als Reichstagsabgeordneter der DVP von 1930 – 1932 beteiligte er sich an der Bildung der republikfeindlichen Harzburger Front; 1933–1935 militärischer Berater Chiang Kai-sheks; *131*

Dr. Kurt Seehafer; Fernsehdokumentarist; *10*

Maria Eleonora Freiin von Seherr-Thoss, 1739–1799; verheiratet mit *Joachim Bernhard von Prittwitz; 14*

Ulrich Freiherr von Sell; Oberstleutnant; *193*

Siebert; Rechtsanwalt von Otto Graf von der Schulenburg-Lieberose; *43*

Siegler; Mai 1942 Major i.G.; *109*

Carl Friedrich von Siemens; 1872–1941; jüngster Sohn des Firmengründers Werner von Siemens; nach Studium und zweijährigem Auslandsaufenthalt 1899 Eintritt in die Siemens & Halske AG; 1909 Direktoriumsvorsitzender der Siemens-Schuckert-Werke; im Weltkrieg nach kurzem Dienst an der Westfront Rückkehr auf die alte Position; 1919 Aufsichtsratsvorsitzender dieser beiden Unternehmen; initiativ bei der Gründung der Zentralarbeitsgemeinschaft industrieller und gewerblicher Arbeitgeber und Arbeitnehmer Deutschlands, einer Stütze der Privatwirtschaft in den politischen und wirtschaftlichen Krisen nach dem verlorenen Kriege; kooperativ den Gewerkschaften gegenüber, die die Auflösung der Zentralarbeitsgemeinschaft im Frühjahr 1924 bedauerten und für die Fortsetzung der Zusammenarbeit plädierten; 1923–1933 Präsident des Vorläufigen Reichswirtschaftsrates in Berlin; 1923 stellvertretender Vorsitzender des Reichsverbandes der Deutschen Industrie; 1920 Reichstagsabgeordneter der DDP, 1924 Mandat niedergelegt bei seiner Wahl zum Verwaltungsratsvorsitzenden der Deutschen Reichsbahn; deutscher Vertreter in der Internationalen Handelskammer in Paris und auf der Genfer Weltwirtschaftskonferenz 1927; konservativ-solide Unternehmenspolitik mit vorrangig brancheninterner Expansion, abgesehen von der Kooperation mit Stinnes bei der Siemens-Rhein-Elbe-Schuckert-Union; abgeschreckt vom verbalen Antikapitalismus der Nationalsozialisten; hielt diese noch 1931 für eine nur vorübergehende Erscheinung; hoffte auf ein einheitliches bürgerliches Lager, Förderung dieses Ziels durch entsprechende Spendenpraxis; im Oktober 1932 Mitinitiator einer Berliner Zusammenkunft maßgebender Industrieller und Verbandsfunktionäre zur Koordinierung der Spendentätigkeit und Formulierung einer einheitlichen Linie; nach der Machtübergabe an die NSDAP blieb er skeptisch-distanziert trotz Übernahme verschiedener repräsentativer Ämter; *78, 79*

Karl Silex, 1896–1982; Promotion

in Berlin; April 1914 kaiserliche Marine; im Kriege Kommandant eines Minensuchbootes; nach dem Kriege Beteiligung an den Spartakuskämpfen in Berlin; dann im Baltikum; Abschied im November 1919 als Oberleutnant zur See; 1922 Redakteur der DAZ (Deutsche Allgemeine Zeitung), 1925 Londoner Berichterstatter der DAZ; 1933 wurde die DAZ wegen eines Leitartikels ihres Chefredakteurs Fritz Klein über das Verhältnis zwischen Deutschland und Österreich suspendiert; im Juni, nach drei Monaten, gelang die Aufhebung des Verbots; neuer Chefredakteur wurde Karl Silex; um die Jahreswende 1938/39 wurde Hugo Stinnes gezwungen, die ihm seit 1920 (fast ohne Unterbrechungen) gehörende DAZ an den (ehemaligen Ullstein-, nun) parteieigenen Deutschen Verlag zu verkaufen; letzte Ausgabe am 20. April 1945; von 1945 – 1963 Chefredakteur des Berliner »Tagesspiegel«; *127–128*

Georg Simon; 1945 Pfarrer in Neuhardenberg; *186, 188*

Georg von Sodenstern, 1889–1955; Reichswehr; März 1938 Generalmajor; Generalstabschef des Gruppenkommandos 2; Februar 1940 Generalleutnant, Generalstabschef der Heeresgruppe A, April 1941 umbenannt in Heeresgruppe Süd; 1941 General der Infanterie; 1943 Oberbefehlshaber der 19. Armee; Deutsches Kreuz in Gold; Briefwechsel mit *Stauffenberg; 109, FN 70, 71 (Kap. 4)*

Sofies Neffe; Deckname für *Ulrich Graf Schwerin von Schwanenfeld; 141*

Graf Solms-Laubach; 1932 Mitglied der NS-Fraktion im preußischen Landtag; *63*

Friedrich Fürst zu Solms-Baruth; Großgrundbesitzer; *48*

Franz Sontag, 1883–1967; konservativer Politiker, Publizist unter dem Namen *Junius Alter; 193–194, 198, 199*

Albert Speer, 1905–1981; 1927–1932 Assistent an der Berliner TH; im Januar 1931 in die SA, ein Jahr später in die NSDAP; 1932 erhielt er seinen ersten Parteiauftrag, und ab 1933 war er für die gesamte Planung und Gestaltung der großen NS-Massenkundgebungen verantwortlich (Vorbeimärsche, Lichteffekte, Fahnen); es entwickelte sich eine enge Beziehung zu *Hitler,* mit dem und für den er ab 1933 gigantische Repräsentationsbauten in Berlin, München und Nürnberg errichtete (u. a. die Neue Reichskanzlei, das Nürnberger Reichsparteitagsgelände), aber noch viel gigantischere plante; 1937 Generalbauinspektor für Berlin, verantwortlich für den Aufbau der neuen Hauptstadt »Germania«; bei der Zerstörung Berlins für seine nie gebaute Gigantomanie ähnlich erfolgreich wie die alliierten Bomber; als Nachfolger von Fritz Todt 1942 Reichsminister für Bewaffnung und Munition, 1943 für Rüstung und Kriegsproduktion; steigerte die Kriegswaffenproduktion auf das Mehrfache durch u. a. rücksichtslosesten Einsatz von Zwangsarbeitern und KZ-Häftlingen; Generalinspekteur für das deutsche Straßenwesen, für Wasser und Energie; als er (erst) Ende 1944 die Hoffnungslosigkeit der deutschen Kriegslage erkannt, suchte er auch *Hitler* davon zu überzeugen; seit Ende März 1945 widersetzte er sich *Hitlers* Befehl zur rücksichtslosen Zerstörung und Vernichtung aller wirtschaftlichen (Industrie, Landwirtschaft, Infrastruktur) Anlagen und Ressourcen Deutschlands; im Mai 1945 gehörte er zur Regierung Dönitz; 1938 preußischer Staatsrat, Goldenes Parteiabzeichen; 1941 Reichstagsabgeordneter; im Nürnberger Hauptkriegsverbrecherprozeß am 1. Oktober 1946 zu 20 Jahren Haft verurteilt, die Sowjets hatten auf der Todesstrafe bestanden; mit den nach seiner Entlassung am 30. September 1966 erschienenen »Erinnerungen« (1969) und mit seinem »Der Sklavenstaat« (1981) hatte er nicht nur publizistisch großen Erfolg; trotz seiner technizistischen Unmoral, die allein in der Rüstungsproduktion weit über hunderttausend mit dem Leben hatten bezahlen müssen, etablierten ihn seine Apologien in weiten Kreisen als Ehrenmann und belebten den neudeutschen Geschichtsrevisionismus; *83, 174*

Oswald Spengler, 1880–1936; Kulturhistoriker, einer der intellektuellen Vorläufer des Dritten Reiches; seine Schriften waren von kaum zu überbietendem Einfluß, zumal so kurz nach dem verlorenen Krieg; »Der Untergang des Abendlandes« war 1911 als Kritik an der spätwilhelminischen Außenpolitik konzipiert worden, erschienen in zwei Bänden (1918, 1922); Spengler hatte es zu einer futurologischen Geschichts- und Kulturphilosophie erweitert (die Weltgeschichte als Ablauf von acht hohen Kulturen, deren jede unabhängig von den anderen einen geschlossenen Organismus mit eigenem Seelentum und gesetzmäßig vorausbestimmbarem Verlauf der Entfaltungs-, Blüte- und Verfallzeit darstellt; die abendländische Zivilisation galt ihm als ein zum Untergang bestimmter Endzustand; er prophezeite den Niedergang der kulturellen Produktivität des Abendlandes, das Heraufkommen neuer Diktaturen, charakterisiert durch rücksichtslose Machtpolitik, zunehmende Technisierung und gleichzeitig fortschreitende Primitivierung der politischen Formen; das Abendland, vor allem Deutschland, habe keine andere Wahl als »fest zu stehen oder unterzugehen«); in »Preußentum und Sozialismus« (1920) propagierte er eine Allianz zwischem klassischem Preußentum in konservativer Sicht und der nichtmarxistischen Arbeiterschaft; gnadenloser Kritiker der Weimarer Republik und der undeutschen liberalen, parlamentarischen Demokratie; auf Vermittlung des ihm eng verbundenen Paul Reusch und durch den Anklang, den er bei *Hugenberg* und den *Hohenzollern* fand, wurde er zum Hofphilosophen der einflußreichen republikfeindlichen Kreise; zu Beginn Weimars setzte er sich für eine Diktatur von Reichswehr und geheimen Wehrverbänden ein; in »Jahre der Entscheidung« (1933) begrüßte er die »nationale Revolution« als Freisetzung »der tiefsten Instinkte in unserem Blut«; in den folgenden Jahren wurde die Gefährdung der »weißen Rasse« durch die »farbige Weltrevolution« zu seinem zentralen Thema; die NS-Rassenlehre verwarf er allerdings als kindischen Unsinn, den gewalttätigen Antisemitismus der Nationalsozialisten lehnte er offen ab; er blieb einer der wenigen rechtsorientierten Denker, die für eine Assimilierung der Juden eintraten; eine Professur in Leipzig lehnte er 1933 ab; während er einzelne Nationalsozialisten wie Gregor Strasser etwa sehr schätzte, trennte ihn der pöbelhafte Stil von der NS-Bewegung; die NSDAP dagegen kritisierte ihn als konservativelitär, warf ihm offenkundige Geringschätzung des Volkes und seinen pessimistischen Determinismus vor; er sah sich bald isoliert in dem Reich, das er prophezeit und dessen Heraufkommen er doch so sehr erleichtert hatte; *81, 124*

Professor Eduard Spranger, 1882–1963; Studium in Berlin; Schüler Diltheys, auch beeinflußt von Friedrich Paulsen; 1905 Dissertation über den Historismus; 1909

Habilitation über den Humanismus *Wilhelm von Humboldts;* 1911 Professur in Leipzig, 1920 in Berlin, 1946 in Tübingen; in Fortführung der Ansätze Diltheys widmete er sich der Entwicklung einer geisteswissenschaftlichen Psychologie; begründete die »Psychologie des sinnbezogenen Erlebens«, Analyse vom Verhältnis des Subjekts zur objektiven Kulturwelt; Spranger forderte vom Erzieher eine komplexe Hinführung des Kindes zu den Strukturen objektiver Werte und Normen und die Entfaltung der Individualität »von innen heraus«; entwickelte sechs Kulturbereiche, die sechs Typen von Menschen entsprechen: theoretischer, ökonomischer, ästhetischer, sozialer, Macht- und religiöser Mensch; sensible Achtung unterschiedlicher »Lebensformen« verband sich bei ihm mit elitärer Warnung vor der Ausweitung höherer Bildung; in der Weimarer Republik gewann Spranger konzeptionellen Einfluß auf die Gestaltung der Lehrerausbildung, forderte eine »Bildnerhochschule« neben Universität und Technischer Hochschule, daraus entwickelten sich in Preußen die Pädagogischen Akademien; Spranger beteiligte sich rege an der staatsbürgerlichen Arbeit regierungsamtlicher oder offiziöser Stellen wie etwa der Reichszentrale für Heimatdienst (heute Bundeszentrale für politische Bildung); doch der Weimarer Demokratie und namentlich dem Parlamentarismus stand er reserviert gegenüber; sein konservatives Ideal preußischer »Staatsgesinnung« ließ ihn auch gegenüber dem Nationalsozialismus Abstand bewahren; 1933 reichte er sogar seinen Rücktritt ein und war in den Dreißigern zeitweise als Gastprofessor in Japan tätig; die Festschrift zu seinem 60. Geburtstag 1942 zeigte aber deutlich sein ungebrochenes Ansehen; nach dem Zweiten Weltkrieg stellte sich Spranger erst dem Wiederaufbau in Berlin-Brandenburg zur Verfügung, war auch kurze Zeit kommissarischer Rektor der Universität Berlin, lehrte dann von 1946 bis zu seiner Emeritierung 1952 in Tübingen. Sein Einfluß auf Universitätspädagogik, Schulwesen und Sozialarbeit blieb in der Bundesrepublik bis in die Sechziger sehr bedeutend; Mitglied der Mittwochsgesellschaft Mai 1934 – Juli 1944; Psychologe,Pädagoge, Kulturphilosoph; »Lebensformen« (1914), »Psychologie des Jugendalters« (1924); *83, 85, 139–140, 190, 200, 201, FN 31, 33 (Kap. 8)*

Alexander Stahlberg; Ordonnanzoffizier, später Adjutant bei Generalfeldmarschall von Manstein; Schriftsteller; *129*

Josef (Wissarionowitsch) Stalin, (eigentlich) **Dschugaschwili;** 1879–1953; 1798 Eintritt in die revolutionäre russische Sozialdemokratische Partei im Kaukasus; seit 1904 in der bolschewistischen Fraktion; 1912 in Abwesenheit in deren ZK gewählt; 1905 erste Begegnung mit Lenin, dessen Aufmerksamkeit er wegen seiner Beschäftigung mit Nationalitätenfragen erregte; 1911 nach Petersburg gegangen; 1913 nach Sibirien, letzte Verbannung; nach der Februar-Revolution von 1917 konnte er nach Petrograd zurückkehren; Gründer und Leiter der »Prawda«; in der ersten Sowjetregierung war er von 1917 bis 1923 Volkskommissar für Nationalitätenfragen; während des Bürgerkrieges machte er durch seinen rücksichtslosen und entschlossenen Einsatz von sich reden, vor allem bei der mit eiserner Konsequenz im krisenreichen Sommer 1918 durchgehaltenen Verteidigung von Zarizyn (dem späteren Stalin-, heutigen Wolgograd); aus dieser Zeit stammt sein Gegensatz zu Trotzki; im April 1922 Generalsekretär des ZK der KPdSU; trotz Lenins mehrfachen Warnungen in seinen letzten Lebensjahren vor Stalin als Nachfolger gelang es diesem nach Lenins Tod 1924, alle Rivalen (Trotzki, Kamenew, Sinowjew, Bucharin) auszuschalten und 1927/28 mit Hilfe des Apparats der KPdSU zum unumschränkten Diktator aufzusteigen, der mitleidslos nach der übrigen Bevölkerung 1937/38 die Partei ausblutete; die »alte Garde« wurde systematisch hingemetzelt oder kam in den Gulag, damit kein potentieller Gegner übrigbliebe; um den Preis ungezählter Menschenleben bei der gewaltsamen Kollektivierung und der rücksichtslos vorangetriebenen Industrialisierung hat Stalin die Sowjetunion aus einem rückständigen Agrarland in einen modernen Industriestaat verwandelt; die Modernisierung der Infrastruktur kam dem Volke besonders teuer; jeder Meter Kanal – am schlimmsten wohl der Weißmeer-Kanal – jeder Meter Bahn und Straße, den die Häftlinge bauten, wurde mit Leichen bezahlt; auch hier Vernichtung durch Arbeit und Hunger; die Stalinsche Geheimpolizei sorgte für Nachschub.

Stalins Herrschaft hatte sich für Deutschland schon verhängnisvoll ausgewirkt, weil er den ihm blind folgenden, zu einer eigenen Politik unfähigen Thälmann als Parteivorsitzenden der KPD durchgesetzt hatte; im August 1939 schloß er zur militärischen Absicherung seinen Pakt mit Hitler; als Morgengabe lieferte er ihm die aus Deutschland in die Sowjetunion geflüchteten, im Gulag vermodernden Kommunisten aus, die so vom sowjetischen KZ ins nationalsozialistische KZ kamen; nach dem deutschen Überfall 1941 Aufruf zum Großen Vaterländischen Krieg; Stalin mobilisierte alle Ressourcen des Landes; sein Verdienst bleibt, daß er den Krieg gewonnen hat gegen den noch schlimmeren Diktator; die Verhandlungen mit den Alliierten (Teheran, Jalta, Potsdam) wurden zur Erlangung der Weltmachtstellung der Sowjetunion genutzt und für die Vormachtstellung über die ostmitteleuropäischen Staaten; nach seinem Tode wurden »Stalinismus« und Personenkult angeprangert, die Folgen wirken jedoch bis heute nach; *133*

Claus (Philipp Maria) Schenk Graf von Stauffenberg, 1907 – 20. Juli 1944, ermordet; in der bürgerlichen Jugendbewegung aktiv (Neopfadfinder); gehörte ab 1923 zum elitär-mystischen Kreis um Stefan George; anfänglich wenigstens teilweise Sympathie für das NS System; später, besonders nach dem staatlichen Pogrom vom 9./10. November 1938 (Reichskristallnacht) entwickelte sich Kritik an einzelnen Maßnahmen und Personen des Regimes; doch erst im Laufe des Krieges erkannte er den verbrecherischen Charakter des NS-Regimes, begriff Hitler als »das Böse an sich« und stieß zum Kreis der Militäropposition; der Schwur, den er für die Opposition formulierte, hatte als Leitmotiv:

> Wir wollen eine neue Ordnung, die alle Deutschen zu Trägern des Staates macht und ihnen Recht und Gerechtigkeit verbürgt.

1926 zur Reichswehr; Januar 1930 Leutnant; Mai 1933 Oberleutnant; Oktober 1936 zur Generalstabsausbildung an die Kriegsakademie in Berlin; Januar 1937 Rittmeister i.G.; Sommer 1938 2. Generalstabsoffizier (Ib) der 1. Leichten Division in Wuppertal; Stratege und Organisator im Polen- und Frankreich-Feldzug, galt als besonders begabter Offizier; 1940 Organisationsabteilung im OKH (Oberkommando des Heeres) beim OKW (Oberkommando der Wehrmacht), April 1941 Major i.G.; die Folgen des Überfalls auf die Sowjetunion: sinnlos geopferte Soldaten, nicht mehr auszugleichende Verluste, die Verbrechen an der Zivilbevölkerung und den sowjetischen Kriegsgefangenen sowie das Steckenbleiben der Offensive in Nordafrika und die ständigen Eingriffe Hitlers in die militärische Befehlsführung ließen 1942 den Gedanken an ein aktives Vorgehen gegen Hitler reifen, ohne dessen Beseitigung der Krieg nicht zu beenden war; Herbst 1942/Anfang 1943 vergebliche Versuche, Generäle oder Feldmarschälle *(von Manstein)* zum Frondieren zu gewinnen; Januar 1943 Oberstleutnant i.G.; Februar 1943 Stabschef (Ia) der 10. Panzerdivision im letzten deutschen Brükkenkopf in Nordafrika, in Tunesien; im April 1943 bei Tieffliegerangriff schwer verwundet, Gesicht, Auge, Hände und Knie waren zerschossen; nach Deutschland geflogen, in München von Sauerbruch gerettet; in der Zeit seiner Genesung entschloß er sich, sich ganz in den Dienst des Widerstandes zu stellen und Hitler um jeden Preis zu beseitigen; im Oktober 1943 unter General *Olbricht* Stabschef im Allgemeinen Heeresamt; seit August/September 1943 Vorbereitung des Attentats auf *Hitler* als Teil der *Goerdeler-Beck*-Gruppe; Stauffenberg war zum Mittelpunkt der Versuche geworden, die Umsturzpläne zu verwirklichen; mit Wissen und Unterstützung *Olbrichts* hatte er für den Tag des Umsturzes ein militärisches Netz um Berlin gezogen; immer wieder mißlangen vorbereitete Anschläge, weil *Hitler* sich zu kurz am vorgesehenen Ort aufhielt; April 1944 Oberst i.G.; am 1. Juli 1944 zum Stabschef beim Befehlshaber des Ersatzheeres ernannt; als Julius Leber, ihm wesensverwandt, ein zuverlässiger Freund, bereits am 5. Juli 1944 verhaftet worden war, ließ er dessen Frau übermitteln: »Wir sind uns unserer Pflicht bewußt«; zweimal wurde zwischen dem 10. und 20. Juli ein Termin festgelegt und beide Male durch widrige Umstände durchkreuzt; am 20. Juli 1944 dann plazierte er die Bombe auf *Hitler* in der »Wolfsschanze«, dem ostpreußischen Hauptquartier; in der Gewißheit, *Hitler* sei tot, löste er den »Walküre«-Befehl aus; in einer neuen Regierung hatte Stauffenberg Staatssekretär im Reichskriegsministerium werden sollen; noch in der Nacht ließ *Fromm* Stauffenberg, *Olbricht*, Mertz von Quirnheim und *Haeften* auf dem Hof des Bendlerblocks erschießen; Stauffenberg starb mit dem Ruf: »Lang lebe unser heiliges Deutschland!«; *9, 83, 96, 98, 115, 120, 121, 128, 129, 132–133, 141, 144–146, 153–155, 162, 170, 171, 175, 203, FN 3 (Kap. 2), FN 108 (Kap. 3), FN 70, 71 (Kap. 4), FN 15a, 39, 78, 111a (Kap. 6)*

Dr. Berthold Schenk Graf von Stauffenberg, 1905 – 10. August 1944, ermordet; älterer Bruder von Claus, noch enger zu George gehörig als dieser; 1927 Promotion, Dozent, Referent für Völkerrecht am Kaiser-Wilhelm-Institut für ausländisches Recht und Völkerrecht in Berlin; mit 26 Jahren kam er für zwei Jahre zum Internationalen Gerichtshof in Den Haag; 1933 als Abteilungsleiter in das Berliner Institut zurückberufen; 1939 als Marine-Stabsrichter zum Oberkommando der Marine, Seekriegsleitung-Operationsabteilung, eingezogen; früh schon in Kontakt zur Militär-Opposition; den Abend des 19. Juli verbrachten *Claus* und er gemeinsam, zurückgezogen; er hatte keine Illusionen; »Das Furchtbarste ist, zu wissen, daß es nicht gelingen kann und daß man es dennoch für unser Land und für unsere Kinder tun muß«, schrieb er seiner Frau am 14. Juli 1944; am 20. Juli war er im Bendlerblock zuständig für die Verbindung zur Marine; in der Nacht verhaftet, am 10. August vom Volksgerichtshof zum Tode verurteilt und noch am selben Tag in Plötzensee ermordet; *FN 15a (Kap. 6)*

Alexander Schenk Graf von Stauffenberg, geb. 1905; Bruder der Obigen; *FN 15a (Kap. 6)*

Melitta Schenk Gräfin von Stauffenberg; verheiratet mit *Alexander Schenk Graf von Stauffenberg; 174*

Dr. Stein; Rechtsanwalt von Otto Graf von der Schulenburg-Lieberose; *44*

(Heinrich Friedrich) Karl Reichsfreiherr vom und zum Stein, 1757–1831; 1773–1777 Studium der Staats- und Rechtswissenschaften in Göttingen; auch Studium von Montesquieu und, durch Vermittlung August Wilhelm Rehbergs (1757–1836), Zugang zu Edmund Burke, Einfluß des englischen »self-government«; einjähriges Praktikum am Reichskammergericht; 1778 Bildungsreise durch Westeuropa; 1780 Eintritt in den preußischen Staatsdienst, was für einen Reichsritter sehr ungewöhnlich war; 1782 Oberbergrat, 1784 Direktor der westfälischen Bergämter; 1787 stellvertretender Direktor der Cleveschen und Märkischen Kriegs- und Domänenkammer, seit 1793 Kammerpräsident, 1796 auch Oberpräsident der Minden-Ravensbergischen Kammer, also Oberpräsident sämtlicher Kammern der rheinisch-westfälischen Gebiete Preußens, hinzu kamen 1802/03 die neugewonnenen ehemals geistlichen Territorien mit der Residenz in Münster und in Hamm; 1804 preußischer Minister für Handel, Wirtschaft und Finanzen (Akzise-, Zoll-, Fabrik- und Handelsdepartements im preußischen Generaldirektorium) und Direktor der preußischen Seehandlung; versuchte Preußen auf die Auseinandersetzung mit *Napoleon* vorzubereiten, erzielte dabei wirtschaftliche und finanzpolitische Erfolge; doch Anfang 1806 scheiterte er in dem ihm wichtigsten Punkte: der Ersetzung der bisherigen absolutistischen königlichen Kabinettsregierung durch ein verantwortliches Ministerium; Steins Denkschrift vom April 1806 verband scharfe Kritik am preußischen Kabinett mit an englischen Verhältnissen orientierten Reformvorschlägen; Stein hatte 1806 den preußischen Staatsschatz nach Ostpreußen gerettet; dort jedoch wurde er von *König Friedrich Wilhelm III.* Anfang 1807 höchst ungnädig entlassen, weil er schroff die Zusammenarbeit mit dem königlichen Kabinett verweigert hatte; er kehrte nach Nassau zurück, formulierte seine Gedanken in der Nassauer Denkschrift von Juni 1807 (Absolutismus als Ursache des Zusammenbruchs; Forderung nach tätiger Mitarbeit weiter Bevölkerungsschichten in der Selbstverwaltung); nach dem Frieden von Tilsit (9. Juli 1807) wurde Stein am folgenden Tag auf Rat *Hardenbergs* und sogar *Napoleons* zurückberufen, im September 1807 Leitender Minister in der preußischen Regierung; in seiner kurzen Amtszeit von knapp 14 Monaten wurde er zum Initiator der gesamten preußisch-deutschen innenpolitischen Entwicklung des 19. Jahrhunderts; er leitete gegen den Widerstand des Königs, der Hofkamarilla und der altständischen Adelsopposition unverzüglich grundlegende Reformen ein: Agrar-, Städte-, Heeres- und Verwaltungsreformen; mit dem Oktober-Edikt von 1807 verfügte er die Bauernbefreiung (Beendigung der Erbuntertänigkeit, Aufhebung aller ständischen Beschränkungen); im November 1808 folgte die Städteordnung (eine auf Selbstverwaltung beruhende moderne staatliche Ordnung bei Beseitigung von Privilegien und Korporationen, Stärkung des bürgerlichen Einflusses auf kommunale Angelegenheiten) und die Reform der obersten Staatsbehörden (das Edikt vom November 1808 setzte ein modernes Staatsministerium mit Fachressorts ein, organisierte die Staatsverwaltung); mit der Militärreform wurde das gesamte Heerwesen reorganisiert, Aufbau und innere Ordnung der Regimenter wurden modernisiert; weitergehende Reformpläne (z. B. eine ländliche Selbstverwaltung mit Kreistagen, eine Volksvertretung mit Provinziallandtagen und Ansätze zu einer Nationalvertretung in den Reichsständen; das passive Wahlrecht allerdings beschränkt auf Grundbesitzer; aktive Mitarbeit in der Selbstverwaltung nur für Schichten von Bildung und Besitz) konnte Stein nicht mehr auf den Weg bringen; einflußreiche altständische Adelskreise suchten Stein zu stürzen; ein unvorsichtiger Brief Steins war Napoleon zugespielt worden; am 24. November 1808 wurde er endgültig entlassen; die Feindschaft des dem König nahestehenden altpreußischen Adels veranlaßte Friedrich Wilhelm III., ihn gänzlich fallenzulassen; Steins gutwillige, aber unfähige Nachfolger Dohna und Altenstein wurden 1810 durch Hardenberg ersetzt, der die Reformen, vielfach in Widerspruch zu Steins Zielen, fortzusetzen suchte, bis auch er den restaurativen Tendenzen erlag; von *Napoleon* war Stein Mitte Dezember 1808 als »Feind Frankreichs und der Rheinbundstaaten« geächtet, sein Familienbesitz beschlagnahmt worden; in Prag und Brünn war Stein ein von der österreichischen Regierung mißtrauisch überwachter Flüchtling, bis er im Mai 1812 vom Zaren *Alexander I.* als politischer Berater nach Rußland berufen wurde; auf Steins Initiative wurde ein Komitee für deutsche Angelegenheiten gegründet, das die Bildung einer Deutschen Legion betrieb; Stein veranlaßte den Zaren, den Kampf jenseits der russischen Grenzen fortzusetzen; im Januar 1813 ging Stein im Auftrage des Zaren nach Königsberg/Preußen und rief gemeinsam mit General York, seinem alten innenpolitischen Gegner, die ostpreußischen Stände zur Erhebung auf; Steins Aufenthalt in Ostpreußen trug wesentlich dazu bei, daß die Provinz auch wirklich zu einem Zentrum der Volkserhebung wurde; dann ging er persönlich zum König nach Breslau; erst nach großen Schwierigkeiten kam es dank seiner Vermittlung zum preußisch-russischen Bündnis von 1813; an dem Vertrag von Kalisch im Februar 1813 war Stein maßgeblich beteiligt; während des Krieges war Stein Präsident des im März 1813 gegründeten Centralverwaltungsrats zur vorläufigen Verwaltung der durch die Vertreibung *Napoleons* herrenlos gewordenen deutschen Gebiete (bis Mai 1814); schon seit September 1812 hatte Stein Pläne für einen deutschen Staat entworfen, vor allem die Zusammenfassung der Gebiete außerhalb Österreichs und Preußen und die Begründung einer starken Zentralgewalt; Stein war der aktivste Vertreter des Gedankens der deutschen Einheit und bekämpfte besonders entschieden die ehemaligen Rheinbundfürsten; Steins Plan sah damals keinen geschlossenen National- oder Bundesstaat vor, er wehrte sich gegen die Restauration der alten partikularen, absolutistischen Zustände und stand in heftigem Gegensatz zu Metternich und dessen Restaurationspolitik und dem Deutschen Bund, doch er war seit 1808 ein Außenseiter; an den Verhandlungen auf dem Wiener Kongreß war Stein nur als Vertrauensmann des Zaren beteiligt, als Mitglied der russischen Delegation; in seinem Bemühen um die deutsche Einheit rief er Kaiser Franz auf: »Majestät! Treten Sie an die Spitze der deutschen Nation!«, doch der wehrte ab: »Nation? Das riecht jakobinisch!«; nach dem Wiener Kongreß 1815 zog sich Stein ins Privatleben zurück; seit 1816 lebte er in Westfalen, wo er die ehemalige Abtei Kappenberg erwarb; Angebote, in den diplomatischen Dienst Preußens oder Österreichs zu treten, lehnte er ab; im westfälischen Provinziallandtag fungierte er 1826, 1828, 1831 als Landtagsmarschall; mehrfach forderte er landständische Verfassungen, vor allem auch für Preußen; 1817 begründete er die »Monumenta Germaniae Historica«, 1819 die »Gesellschaft für ältere deutsche Geschichtskunde«; Stein war ein Gegner des Absolutismus, aber nur sehr bedingt ein Anhänger der Aufklärung; die Französische Revolution von 1789 hatte ihn in der Überzeugung bestärkt, daß der alte Staat erneuert werden müsse; die Ideen von 1789 und die Entwicklung der Revolution lehnte er dagegen ab; Stein wollte keine Revolution, sondern Reformen auf der Grundlage des Bestehenden, organisch-historisch Gewachsenen; er war kein Demokrat, auch nur sehr bedingt »Liberaler«, trat gegen die Liberalisierung und gegen die Burschenschaft auf, aber er stand im Gegensatz zu den altpreußisch-partikularistischen und feudalen Kräften, deren Widerstand hauptsächlich für das Scheitern weiterer Reformen verantwortlich war und dafür, daß die Reformen nach 1815 steckenblieben, ja sogar zurückgebildet wurden; daß ihr Geltungsbereich teilweise ausdrücklich auf die preußischen Rumpfprovinzen der Napoleon-Zeit beschränkt blieb; *16–20, 26*

Prof. Peter Steinbach, geb. 1948; Professor für historische und theoretische Grundlagen der Politikwissenschaften an der Universität Passau; jetzt an der Freien Universität Berlin; wissenschaftlicher Leiter der Gedenkstätte Deutscher Widerstand zu Berlin; *Jürgen Schmädecke* und Peter Steinbach, Herausgeber, »Der Widerstand gegen den Nationalsozialismus. Die deutsche Gesellschaft und der Widerstand gegen Hitler«, ein Berliner Symposion 1984, München 1985/86; *10, 116; 138, FN 1, 15a, 76 (Kap. 6)*

Kurt Steinbring; »Gölsdorf wird selbständiges Dorf«, Fürstenwalde 1965; *FN 36 (Kap. 8)*

Richard Stephan, geb. 1899; Gutsgärtner bei Otto von Albedyll-Klessin; *143, FN 93 (Kap. 6)*

Alfred Stern; »Abhandlungen und Aktenstücke zur Geschichte der preußischen Reformzeit 1807–1815«, darin Kapitel VIII: »Die Entstehung des Ediktes vom 11. März 1812 betreffend die bürgerlichen Verhältnisse der Juden in den preußischen Ländern«, Leipzig 1885; *FN 13b (Kap. 1)*

Carl Stoll; SPD-Wahlkampfredner aus Fürstenwalde, November 1929 in Libbenichen; *56*

Dr. Manfred Stolpe, geb. 1936; 1962 Oberkonsistorialrat in der Evangelischen Kirche Berlin-Brandenburg; 1969–1982 Leiter des Sekretariats des Evangelischen Kirchenbundes der DDR; 1982 Präsident des Konsistoriums der Evangelischen Kirche von Berlin-Brandenburg; seit 1990 Mitglied der SPD und Ministerpräsident von Brandenburg; seit 1991 Präsidiumsmitglied der SPD; *9–10*

Heinrich Strauch; Obergärtner in

Neuhardenberg; 77, *124*
Waltraud Strauch; *FN 31 (Kap. 6)*
Karl Strecker, geb. 1884; 1934 Polizei-Generalmajor; 1937 Kommandeur Infanterie-Regiment 4; 1940 Generalleutnant; 1942 General der Infanterie, 79. Infanterie-Division, XI. Armee-Korps; Kommandierender General in Stalingrad; identifizierte sich mit der militärischen Lagebeurteilung von Generaloberst Friedrich Paulus, 6. Armee; soll in Stalingrad durch Funkspruch zum Generaloberst ernannt worden sein; *141*
Reinhard Strecker, geb. 1930; Historiker; *10*
Dr. Gustav Stresemann, 1878–1929; Promotion in der Nationalökonomie; 1902–1918 Syndicus des von ihm mitbegründeten Verbandes Sächsischer Industrieller, führend im Bund der Industriellen tätig; stand erst dem nationalsozialen Verein Naumanns nahe; schloß sich 1903 der Nationalliberalen Partei an, 1907 jüngster Reichstagsabgeordneter (1907–1912, 1914–1918, ab 1920); nach Bassermanns Tod 1917 nationalliberaler Fraktionsvorsitzender; Mitglied des Alldeutschen Verbandes, vertrat im 1. Weltkrieg eine extensive Annexionspolitik in West und Ost sowie das Ziel eines »Siegfriedens«; unterhielt enge Beziehungen zur OHL (Oberste Heeresleitung – Ludendorff); hatte 1917 wesentlichen Anteil am Sturz des Kanzlers Bethmann Hollweg; die Friedensresolution der Reichstagsmehrheit lehnte er ab; von den Linksliberalen wegen seiner annexionistischen Haltung im 1. Weltkrieg abgelehnt; gründete im Dezember 1918 die rechtsliberale DVP (Deutsche Volkspartei), in Konkurrenz zur linksliberalen DDP; Fraktionsvorsitzender in der Weimarer Nationalversammlung und 1920 im Reichstag; eigentlich Monarchist, führte er die DVP seit 1920 aus realpolitischen Gründen aus der Opposition in die Verantwortung für den neuen Staat; zur Zeit der tiefsten Krise der Republik (Ruhrkampf, völlige Geldentwertung, Separatismus, Hitlerputsch, kommunistische Bedrohung) wurde er im August 1923 Reichskanzler und Außenminister einer großen Koalition; entschloß sich Ende September zur Aufgabe des passiven Widerstands gegen die Ruhrbesetzung; gemeinsam mit Finanzminister Hans Luther leitete er die Stabilisierung der Währung (Rentenmark) ein und die Sanierung der Reichsfinanzen, gestützt auf das Ermächtigungsgesetz vom Oktober 1923; erreichte eine relative Stabilisierung der Weimarer Republik (Niederschlagung der bayrischen Staatsstreichpläne und kommunistischer Umsturzversuche in Sachsen); nach Aufkündigung der großen Koalition durch die SPD im November 1923 trat Stresemann als Kanzler zurück, blieb aber Außenminister bis zu seinem Tode; das Ziel seiner Politik war die Wiederherstellung der deutschen Großmacht-Position; aus realpolitischen Erwägungen schloß er eine militärische Revanche aus; er erstrebte eine einvernehmliche Revision des Versailler Vertrages im Rahmen eines kollektiven Sicherheitssystems; Voraussetzung dazu war eine dauerhafte Verständigung mit den Westmächten, wichtigster Teil davon seine Verständigungspolitik mit Frankreich, die Etappen dazu: 1924 Annahme des Dawes-Plans; 1925 der Locarno-Pakt, 1926 die Aufnahme Deutschlands in den Völkerbund, das Gespräch von Thoiry; mit dem französischen Außenminister Aristide Briand verband ihn ein vertrauensvolles Verhältnis; im Dezember 1926 erhielten sie für ihre Locarno-Politik gemeinsam den Friedens-Nobelpreis; diese Politik scheiterte letztlich am französischen Sicherheitsbedürfnis auf der Basis des Status quo; daß die deutsch-französische Verständigung ins Stocken geriet, warf einen tiefen Schatten auf seine letzten Jahre; mit der Annahme des *Young*-Plans 1929 schuf er die Voraussetzung für die vorzeitige Räumung des Rheinlands durch Frankreich und Belgien Mitte 1930; Voraussetzung für die angestrebte Revision der der deutschen Ostgrenze war sein Berliner Vertrag mit Krestinski von April 1926 (deutsch-russischer Freundschaftsvertrag auf der Grundlage des Vertrags von Rapallo, strikte Neutralität bei Angriff durch Dritte, Nichtbeteiligung an Boykottmaßnahmen; 1931 um 3 Jahre verlängert); seine zentrale Position und seine konzeptionellen, taktischen und diplomatischen Fähigkeiten, seine Überzeugungskraft und seine außergewöhnliche Rednergabe machten ihn zum wichtigsten Politiker der Weimarer Zeit; Basis seiner Erfolge waren sein Realitätssinn und seine Lernfähigkeit; seine Konzeption – die einzig konkrete und umfassende der Republik – zielte innenpolitisch unter nationalem, bürgerlichem Vorzeichen auf einen allmählichen Ausgleich der gegensätzlichen Kräfte auf dem Boden der Verfassung: sowohl für die große Koalition mit der SPD als auch dafür, die DNVP zu konstruktiver Regierungsarbeit heranzuziehen; die Grundlinien seiner Außenpolitik waren die europäische wie atlantische Orientierung, der vorrangige Ausgleich mit Frankreich ebenso wie die Gewinnung der Unterstützung durch die USA, aber keine völlig einseitige Westbindung; die Anerkennung des Zusammenhangs zwischen internationaler Sicherheit, Entspannung und lebenswichtiger wirtschaftlicher Prosperität und Verflechtung (anstelle von Autarkie-Bestrebungen); wirtschaftliche Gesundung durch Reparationsregelungen (Dawes- und *Young*-Plan), verstärkte europäische Zusammenarbeit und weltwirtschaftlichen Austausch; seinen Kurs mußte er gegen dauernden, wütenden Widerstand der Rechtsparteien durchsetzen, in vollem persönlichen Einsatz bis zum Zusammenbruch seiner geschwächten Gesundheit; *FN 88 (Kap. 3)*
Dr. Strutz; Archivdirektor, Heeresarchiv Potsdam; *111*
Stuckert; Landjäger aus Neuhardenberg; *155*
Carl Heinrich von Stülpnagel, 1886 - 30. August 1944, ermordet; Abitur 1904; Militärlaufbahn; im 1. Weltkrieg Generalstabsoffizier; Reichswehr; schon zu Beginn der Dreißiger freundschaftliche Beziehungen zu *Ludwig Beck;* durch die *Blomberg/Fritsch*-Affäre sowie die Sudeten-Krise verstärkte sich die innere Distanz zum NS-Regime; beteiligt an den ersten Staatsstreichplänen der Militär-Opposition, die nach dem Münchener Abkommen im Herbst 1938 aufgegeben werden mußten; November 1938 Oberquartiermeister II im Generalstab des Heeres; April 1939 General der Infanterie; Oktober 1939 Oberquartiermeister I; Mai 1940 II. Armeekorps; Juni 1940 Vorsitzender der Waffenstillstandskommission; Februar 1941 Oberbefehlshaber der 17. Armee (bis November 1941 an der Ostfront), im Februar 1942 als Nachfolger seines Vetters Otto von Stülpnagel (1878–1948) Militärbefehlshaber Frankreich; außerordentlich harte Maßnahmen gegen den französischen Widerstand: Erschießung von Familienangehörigen und von Geiseln; unterstützte mit seinem Adjutanten *Caesar von Hofacker* die Berliner Umsturzpläne mit dem Ziel, Hitler noch vor der erwarteten Landung der Alliierten zu beseiti-

gen; nur in Stülpnagels Befehlsbereich wurden am 20. Juli 1944 alle für den Tag des Attentats vorbereiteten Pläne der Verschwörer erfolgreich verwirklicht; danach hielt er Vortrag bei *Kluge,* dem Oberbefehlshaber West, der aber auf die Nachricht von *Hitler*s Überleben hin seine Zusagen zur Unterstützung der Verschwörung brach und selber das Führerhauptquartier informierte; nach Berlin befohlen, versuchte Stülpnagel bei Verdun einen Selbstmordversuch, dadurch erblindet; von der Gestapo verhaftet; am Leben gehalten bis zur Volksgerichtshofverhandlung am 30. August 1944; in der Voruntersuchung wie in der Hauptverhandlung hatte Stülpnagel die Verantwortung und alleinige Schuld an den Plänen des aktiven Widerstands wie an der Verhaftungsaktion in Paris auf sich genommen, jede Frage, wer sonst in Paris Mitwisser gewesen sei, mit der Erklärung abgewiesen, in Paris habe jeder nur auf seinen Befehl gehandelt; zum Tode verurteilt, wurde er noch am selben Tag in Plötzensee ermordet; *72*

Ilse von Stülpnagel; *99*

Karl (Julius Wilhelm Ewald) von Stünzner-Karbe auf Sieversdorf), 1872–1934; Großgrundbesitzer; seit 1894 Rittergutsbesitzer von Sieversdorf, Kreis Lebus; erhielt für sich und den aus der Nachkommenschaft hervorgegangenen jeweiligen Besitzer von Sieversdorf den Namen »von Stünzner-Karbe«; Ritterschaftsrat und Kreisdeputierter; deutschnationaler Landtagsabgeordneter; stellvertretendes Mitglied der Landwirtschaftskammer Brandenburg; Rittmeister d. R. im 1. Brandenburgischen Ulanen-Regiment; Mitglied des Siebener Ausschusses des Kreises Lebus, dem auch Hardenberg angehörte; *52*

Szymonski; Freund *von Gersdorffs,* anwesend bei der Uniformvorführung, bei der *Gersdorff* eine Bombe hatte zünden wollen; *130*

Taillout; französischer Kriegsgefangener; im Schloß Neuhardenberg beschäftigt, da er der Waldarbeit nicht gewachsen war; *160*

Charles Maurice de Talleyrand (Perigord) (seit 1806) *souveräner* **Fürst von Benevent,** (seit 1807) **Herzog von Talleyrand-Perigord,** (seit 1815) **Herzog von Dino,** 1754–1838; aus einem Seitenzweig der ausgestorbenen Grafen von Perigord; 1779 Priesterweihe; Januar 1789 Bischof von Autun; als Vertreter des Klerus reformistisches Mitglied der Generalstände von 1789 und der Nationalversammlung; Präsident der Verfassunggebenden Versammlung; leistete als einer der ersten den Eid auf die Verfassung, beantragte die Einziehung der Kirchengüter, Abschaffung des Zehnten, feste Besoldung der Geistlichkeit, entwarf einen freisinnigen Unterrichtsplan, forderte die Geistlichen seiner Diözese auf, den Eid auf die Verfassung zu leisten; seit 1791 im Kirchenbann wegen seines Eides auf die »Constitution civile du clergé«, verzichtete er auf sein Bistum; royalistischer Umtriebe beschuldigt, nutzte er 1792 eine gänzlich erfolglose diplomatische Mission zur Emigration (1792 Großbritannien, 1794 USA); nach dem Sturz der Schreckensherrschaft 1795 zurückgekehrt, verdankte er es der Protektion der Madame de Stael, daß ihn Barras 1797 vom Direktorium vorübergehend zum Außenminister machte; setzte frühzeitig auf *Napoleon,* dem er 1799 entschlossen zur Macht verhalf und dessen Außenpolitik er anfänglich, geschickt und erfolgreich, bedingungslos unterstützte; nach dem Frieden von Amiens 1802 hielt er Frankreichs Ziele für erreicht; das Konkordat, durch das der Katholizismus in Frankreich wiederhergestellt wurde, war größtenteils sein Werk; dafür entband ihn Papst Pius VII. von den kirchlichen Weihen und erteilte seiner Zivilehe die kirchliche Legitimation; vergebliche Versuche zur Mäßigung des Kaisers, zur Verständigung mit Großbritannien und Österreich; lehnte *Napoleons* Eroberungspolitik ab, trat im August 1807 zurück, blieb aber noch eine Weile im kaiserlichen Rat; nach der Niederlage *Napoleons* nahm er entscheidenden Einfluß auf die Rückkehr der Bourbonen, worauf ihn Ludwig XVIII. dankbar zum Außenminister, zum Fürsten von Talleyrand und erblichen Pair von Frankreich ernannte; seinen überragenden diplomatischen Fähigkeiten war es zu verdanken, daß auf dem Wiener Kongreß Frankreichs Rang innerhalb Europas wieder gefestigt wurde; nach der Unterbrechung durch die »100 Tage« erneut Außenminister und Präsident des Ministerrats; Widerstände auf der extremen Rechten zwangen ihn im September 1815 zum Rücktritt; 1830 betrieb Talleyrand die Thronkandidatur Louis Phillipes; 1830–1834 förderte er als Botschafter in London die französisch-britische Zusammenarbeit, vor allem bei der Entstehung des Staates Belgien und in der griechischen Frage; kurz vor seinem Tode söhnte er sich auch mit der Kirche aus; ebenso genial wie prinzipienlos, Lebenskünstler und Libertin, verstand er es zeitlebens, sich den Verhältnissen, die er scharf durchschaute, anzupassen, um sie desto besser beherrschen zu können und sie zu seinem eigenen, auch sehr materiellen Vorteil auszunutzen; *20*

Ernst Thälmann, 1886 – 18. August 1944, ermordet; Hafen- und Transportarbeiter; 1903 in die SPD, linker Parteiflügel; 1904 in die Gewerkschaft; 1917 USPD; ab 1919 Mitglied der Hamburger Bürgerschaft; 1920 mit der linken USPD in die KPD; 1921 Hamburger KP-Vorsitzender; 1922/23 einer der Führer der linken Opposition in der KPD; unterstützte im Gegensatz zur Parteileitung den im Oktober 1923 blutig niedergeschlagenen Aufstand in Hamburg; als stellvertretender KP-Vorsitzender 1924 gehörte er zunächst zum linkesten Flügel (um Ruth Fischer); seit 1924 Reichstagsabgeordneter; 1924 wurde er außerdem Führer des RFB (Roter Frontkämpferbund) und als Kandidat in das Exekutivkomitees der Komintern berufen, sieben Jahre später in deren Präsidium; 1925 (und 1932) Präsidentschaftskandidat, verhalf *Hindenburg* zum Sieg über die Weimarer Koalition; 1925/26 war Thälmann unter dem Druck Stalins maßgeblich am Sturz der (wie es nunmehr hieß) Linksabweichler um Ruth Fischer beteiligt; nach ihrer Absetzung im September 1925 übernahm Thälmann die Führung der KPD, die er als Vertrauensmann Stalins trotz vieler Schwächen bis zu seiner Verhaftung durch die Gestapo 1933 behielt; an die Stelle von intellektuellen, zum Widerspruch fähigen Parteiführern hatte sich Stalin einen farblosen, nur zur politischen Abhängigkeit fähigen Parteibürokraten gesetzt, der bedingungslos die Moskauer Direktiven befolgte, jeden Parteischwenk mitmachte; 1928 Ausschluß der reformistischen Gruppe um Heinrich Brandler; dann 1928 ein neuer Schwenk nach ganz links: Konzentration auf die Bekämpfung der »faschistischen Sozialdemokraten« und der reformistischen Gewerkschaften; am 2. Februar 1930 erklärte er im Reichstag, an den (letzten sozialdemokratischen) Reichskanzler Hermann Müller gerichtet, die Faschisten seien in Deutschland bereits an der Macht; 1930 übernahm die KP das Nazi-Schlagwort von der »Revolution des Volkes«, rief zur »nationalen und sozialen Befreiung des deutschen Volkes« auf, desgleichen zum gemeinsamen Kampf der Massen gegen den Versailler Vertrag, gegen den *Young*-Plan und gegen die »Herrschaft des Finanzkapitals«, an dessen Spitze die Sozialdemokraten stünden; Thälmanns Taktik einer revolutionären Einheit der Arbeiterklasse gegen die NSDAP richtete sich weniger gegen diese als vor allem gegen die SPD, denn nur ein Sieg über die Sozialdemokraten werde der KP den Sieg bringen; im Dezember 1931 erklärte Thälmann schriftlich, die Sozialdemokratie versuche das Proletariat von machtvollen Aktionen gegen die Diktatur des Finanzkapitals abzulenken, indem sie das Gespenst des Hitlerfaschismus an die Wand male; dabei gebe es einige, die im Wald der Sozialdemokratie die nationalsozialistischen Bäume nicht mehr sähen; so wie Thälmann 1925 mit seiner Präsidentschaftskandidatur objektiv *Hindenburg* gegen Marx zum Erfolg verholfen hatte, wirkte er nun mit seiner Politik als Steigbügelhalter *Hitlers*; Thälmanns Schwarz-Weiß-Denken ließ ihn auch keinen Unterschied erkennen zwischen *Papen, Schleicher* und *Hitler;* doch sein verhängisvoller blinder Optimismus hatte ihn getäuscht; unmittelbar nach dem Reichstagsbrand (27. Februar 1933) wurde er als Hauptgegner *Hitlers* zur Verhaftung ausgeschrieben, am 3. März 1933 verhaftet; nach elfeinhalbjähriger Einzelhaft wurde er im August 1944 ins KZ Buchenwald eingeliefert und dort von der SS auf direkte Anweisung *Himmlers* ermordet; einer seiner Mörder konnte nach 1945, ohne suspendiert zu werden, jahrzehntelang als Lehrer unterrichten und wurde auch nie rechtskräftig verurteilt; *58, 70*

Thiele; Ortsbauernführer in Neuhardenberg; *155*

Peter G. Thielen; »Karl August von Hardenberg«, Köln/Berlin 1967; *FN 2 (Vorbemerkungen), FN 31a (Kap. 1)*

Georg Thomas, 1890 – 29. Oktober 1946, in amerikanischer Haft verstorben; Chef des Wehrwirtschafts- und Rüstungsamtes im OKW (Oberkommando der Wehrmacht); dieser Tätigkeitsbereich wurde 1943 weitgehend von *Speers* Reichsministerium für Bewaffnung und Munition übernommen; hatte schon als Oberst an einigen Tagungen des *Reusch*-Kreises teilgenommen; Generalleutnant; nach dem 20. Juli 1944 wurde er verhaftet und ins KZ Dachau eingeliefert; von dort in der zweiten Aprilhälfte über ein KZ in Innsbruck nach Südtirol gebracht; die Folge war, daß die Häftlinge von einer Wehrmachtskompanie vor ihrer SS-Wachmannschaft geschützt wurden; am 4. Mai 1945, zwei Tage nach der Kapitulation der deutschen Truppen in Italien, wurde er von Amerikanern befreit; dann, wieder inhaftiert, starb er in amerikanischer Haft; *78, 81*

Romedio Galeazzo Graf von Thun-Hohenstein, geb. 1952; »Der Verschwörer. General Oster und die Militäropposition«, Berlin 1982; *FN 35 (Kap. 6)*

Fritz Thyssen, 1873–1951; Großindustrieller; ältester Sohn des Firmengründers August Thyssen; im 1. Weltkrieg freiwillig zwei Jahre im Militär; organisierte während der Ruhrbesetzung 1923 als Sprecher der Zechenbesitzer den passiven Widerstand und wurde dafür von einem französischen Militärgericht verurteilt; im Oktober desselben Jahres hörte er in München zum erstenmal *Hitler* sprechen und war von dessen Rhetorik und Fähigkeit, die Massen zu begeistern, sowie von der fast militärischen Disziplin der NS-Anhänger begeistert; durch Vermittlung Ludendorffs lernte er den damals außerhalb Bayerns noch wenig bekannten Agitator auch persönlich kennen; die im Kreis um *Hitler* und Ludendorff entwickelten Pläne zum Sturz der Weimarer Demokratie unterstützte er daraufhin auch erstmals finanziell; er ließ der NSDAP über General Ludendorff 100.000 Goldmark zukommen; überzeugt, *Hitler* könne Deutschland vor dem Bolschewismus retten, blieb Thyssen während der nächsten zehn Jahre einer der finanzkräftigsten Förderer der Partei, ermöglichte ihr u. a. den Bau des Braunen Hauses in München und finanzierte ihre Wahlkämpfe; 1926 rückte Thyssen nach dem Tode seines Vaters an die Konzernspitze vor, übernahm auch den Aufsichtsratsvorsitz der Vereinigten Stahlwerke, des größten deutschen Stahlkonzerns, dessen Gründung er maßgeblich vorangetrieben hatte; obwohl DNVP-Mitglied, sympathisierte er zunehmend mit der NSDAP; trat im Dezember 1931 selbst in die Partei ein; die Harzburger Front (*Hugenberg, Hitler* u. a., 11. Oktober 1931) hatte ihn überzeugt, daß der Young-Plan für Deutschland eine Katastrophe bedeuten würde; Thyssen lud *Hitler* ein, am 27. Januar 1932 auf einer Versammlung des Düsseldorfer Industrieklubs zu sprechen; dort redete *Hitler* den Kohle- und Stahl-Magnaten geschickt nach dem Mund (für Privateigentum, Notwendigkeit eines starken Staatswesens, Gefahr des Bolschewismus) und beruhigte die Vertreter der Schwerindustrie hinsichtlich des linken NSDAP-Flügels; Thyssens gewundenes: »Heil, Herr *Hitler*« am Ende der Veranstaltung brachte die damalige Einstellung der Großindustrie zu *Hitler* auf eine prägnante Formel; doch erhöhten außer Thyssen noch zahlreiche andere Großindustrielle ihre Zuwendungen an die Partei nach *Hitlers* Düsseldorfer Auftritt und ebneten ihm so den Weg zur Macht; im Mai 1933 wurde Thyssen mit der Gründung eines Instituts zur Erforschung der ständischen Wirtschaftsordnung beauftragt; im September 1933 wurde er von *Göring,* den er als »maßvollen« Nationalsozialisten, als Bollwerk gegen die Parteilinke immer besonders intensiv unterstützt hatte, zum Preußischen Staatsrat ernannt; ab 12. November 1933 war Thyssen auch Reichstagsabgeordneter; Thyssens Eintreten für ein industrielles Zunftwesen (ähnlich wie Othmar Spanns Vorstellungen) ließ sich jedoch mit dem NS-Anspruch auf Kontrolle sämtlicher Lebensbereiche nicht vereinbaren; er verlor *Hitlers* Unterstützung; enttäuscht von der politischen Praxis der Nationalsozialisten (er nahm Anstoß an der Aufrüstungspolitik, am Antikatholizismus der Partei, an der Judenverfolgung), schlug seine ursprüngliche Bewunderung allmählich in offene Gegnerschaft um; schließlich gab er seinen Titel als Preußischer Staatsrat zurück; nach der Flucht in die Schweiz schrieb er *Hitler,* seine Zweifel am NS-Regime seien durch den unfreiwilligen Rücktritt *Papens* ausgelöst worden; daran habe sich die Verfolgung der Christen angeschlossen, man habe Priester brutal mißhandelt und Kirchen geschändet; das Pogrom der Reichskristallnacht vom 9. November 1938 habe ihn zutiefst berührt, man habe die Juden in der denkbar feigsten und brutalsten Weise beraubt und gefoltert und ihre Synagogen in ganz Deutschland zerstört. Doch Thyssens Protest fand keinerlei Gehör; nach dem deutsch-sowjetischen

Nichtangriffspakt forderte Thyssen als »freier und aufrechter Deutscher«, als »Stimme des gequälten deutschen Volkes« die Wiederherstellung von »Freiheit, Recht und Humanität« in Deutschland; aber sein Appell wurde ignoriert; man entzog ihm in Abwesenheit die deutsche Staatsbürgerschaft und beschlagnahmte sein Eigentum; 1941 erschienen, zuerst auf Englisch, seine Memoiren: »I paid *Hitler*«, eine bittere Abrechnung, aber unzuverlässig in ihrer finanziellen Darstellung; 1941 wurden Thyssen und seine Frau von Vichy-Frankreich an Deutschland ausgeliefert und kamen bis 1945 ins KZ; *78, 79, 85*

Johann von Tiefen, gest. 1497; Hochmeister des Deutschen Ordens; *FN 19 (Kap. 7)*

Ernst Tietze; Lehrer in Neuhardenberg, auch Ortschronist; *188, 189, FN 34 (Kap. 8)*

Henning von Tresckow, 1901 – 21. Juli 1944, Freitod; im1. Weltkrieg wurde er mit 17 Jahren Leutnant im 1. Garderegiment zu Fuß; nach Kriegsende erst in der Reichswehr; dann im Oktober 1920 quittierte er den Dienst und begann ein Studium und im Januar 1923 eine Bankausbildung; Juli 1924 längere Auslandsreise; erfolgreicher Börsenmakler; im Januar 1926 Rückkehr in die Reichswehr; Generalstabsausbildung; begrüßte zunächst die nationalsozialistische Machtübernahme, distanzierte sich aber zunehmend von der Politik Hitlers und stellte sich nach den November-Pogromen von 1938 auf die Seite der entschlossenen Regimegegner; bei Kriegsbeginn 1. Generalstabsoffizier einer ostpreußischen Infanteriedivision im Polen- und Frankreich-Feldzug; 1940 Oberstleutnant; seit dem 10. Dezember 1. Generalstabsoffizier der Heeresgruppe B, ab 22. Juni 1941 Heeresgruppe Mitte; Neffe seines Oberbefehlshabers Generalfeldmarschall Fedor von Bock; dort sammelte er oppositionelle Offiziere um sich, die auch zum Handeln bereit waren; Tresckow, seit April 1942 Oberst i.G., war früh der Ansicht, der Anschlag auf Hitler sei als Notwehr rechtmäßig und sittlich geboten; 1942 und 1943 gab es mehrere Versuche aus der Heeresgruppe Mitte, Hitler zu beseitigen, die alle an widrigen Umständen scheiterten; auch Tresckow hatte selbst ein Pistolenattentat auf Hitler geplant; im Oktober 1943 ergab sich dann die Verbindung zu *Stauffenberg;* noch bevor Tresckow zum Südabschnitt der Ostfront versetzt wurde, standen die Umrisse des Planes fest; einige Wochen führte er dann das Grenadier-Regiment 442 in schwersten Abwehrkämpfen am Dnjepr; Mitte November 1943 wurde er plötzlich abberufen, als Generalmajor zum Stabschef der 2. Armee ernannt, die er nach dem Zusammenbruch der Heeresgruppe Mitte am Dnjepr in einem klassischen Rückzug aus den Pripjetsümpfen herausführte; unmittelbar vor dem 20. Juli 1944 bestärkte Tresckow *Stauffenberg* in seinem Vorhaben; nach dem Scheitern des Attentats gab sich Tresckow in der Nähe seines Einsatzortes an der Ostfront selbst den Tod, indem er sich mit einer Handgranate in die Luft sprengte, einen feindlichen Angriff vortäuschend; *103, 123–130, 134–135, 144, 154, 171, 175, 176, 193, FN 3 (Kap. 2), FN 37 (Kap. 5), FN 32, 111a (Kap. 6)*

Erika von Tresckow; geb. von Falkenhayn; verheiratet mit *Henning von Tresckow; 124, 129, 154–155*

Heidrun Tretner; Ortchronistin von Neuhardenberg; *10*

Gottfried Reinhold Treviranus, 1891–1971; 1912–1918 kaiserlicher Marineoffizier; Studium der Landwirtschaft; 1921 Direktor der Landwirtschaftskammer Lippe; zur DNVP, 1924–1932 deutschnationaler Reichstagsabgeordneter; widersetzte sich dem scharfen Rechtskurs, den Hugenberg als Reaktion auf die Wahlschlappe der DNVP von 1928 einschlug; im Zuge einer Austrittsbewegung als Protest gegen das Volksbegehren gegen den *Young*-Plan verließ Treviranus im Dezember 1929 die DNVP; unter seiner Führung bildeten zwölf ehemalige Reichstagsabgeordnete der DNVP die Deutschnationale Arbeitsgemeinschaft; 1930 entstand daraus die Volkskonservative Vereinigung; 1930–1932 als Minister in verschiedenen Ressorts einer der engsten Mitarbeiter *Brünings* (im März 1930 Reichsminister für die besetzten Gebiete, danach Minister ohne Geschäftsbereich, im September 1930 Reichskommissar für die Osthilfe, politisch verantwortlich für das fatale Programm zur Stützung der ostelbischen Agrarier in der Zeit der Agonie der Weimarer Republik, ab Oktober 1931 – Mai 1932 Reichsverkehrsminister); Treviranus versuchte, die Weimarer Republik gegen die NSDAP und *Hitler* zu verteidigen; im Mai 1932 ging seine kleine Partei bei den Wahlen unter; 1933 wurde sie verboten wie die anderen auch; am 30. Juni 1934 Flucht aus Berlin-Wannsee; von der Gestapo zur Fahndung ausgeschrieben, gelang der Grenzübertritt nach Holland; von dort weiter nach Großbritannien; im Juni 1938 ausgebürgert; nach einem vorherigen Aufenthalt 1940 Auswanderung nach Kanada; 1943 Erwerb der kanadischen Staatsangehörigkeit; Übersiedlung in die Vereinigten Staaten; noch vom Ausland aus war er nach dem Zweiten Weltkrieg Wirtschaftsberater für die amerikanische Militärregierung; 1948 Heimkehr in die Bundesrepublik; »Für Deutschland im Exil«, Düsseldorf/Wien 1973; *85, 198*

von Trotha; 1914, Offizier im 1. Bataillon des 1. Garderegiments zu Fuß; *33*

Fritz Tschanz; Gölsdorfer Schweizer; *FN 34 (Kap. 3)*

Johannes Tuchel, geb. 1957; Gedenkstätte Deutscher Widerstand Berlin; Johannes Tuchel/*Reinold Schattenfroh,* »Zentrale des Terrors. Prinz-Albrecht-Straße 8. Hauptquartier der Gestapo«, Berlin 1987; *FN 60 (Kap. 7)*

Alfred W. Turney; »Disaster at Moscow: Von Bock's Campaigns, 1941–1942«, New Mexico 1970; *172, FN 43, 45–46 (Kap. 7)*

Horst Freiherr von Uckermann, geb. 1871; Reichswehr; 1939 Adjutant beim II. Armeekorps; Herbst 1940 Oberst in Potsdam; 1941 Infanterie Regiment 178; 1942 Generalmajor, 218. Infanterie-Division/160. R.D.; 1943 Generalleutnant; 1944 Divisionsstab z. b.V. 469; *103*

Robert (Wilhelm) Uhrig, 1903 – 21. August 1944, ermordet; 1920 KPD; Anfang 1933 KP-Betriebszelle bei Osram Berlin; im Juni 1934 verhaftet, im November 1934 zu eindreiviertel Jahren Haft verurteilt, Zuchthaus Luckau; im März 1936 entlassen; erneut illegale Arbeit; Betriebszellenarbeit in Berlin-Moabit und in Berlin-Neukölln; bis Ende 1939 an der Spitze einer der fünf Gebietsleitungen der KPD in Berlin; seit Sommer 1940 führte er die Bezirksorganisation Berlin-Brandenburg der KPD (mindestens 90 Betriebe mit etwa 1000 Widerstandskämpfern in der Stadt und ihrer Umgebung); Aufklärung durch Flugblätter, Sabotage der Kriegsproduktion, Hilfe für Kriegsgefangene und Zwangsarbeiter; feste Verbindung zu den Gruppen von *Römer* in Berlin und München sowie zur Bezirksleitung Wasserkante der KPD (Bernhard Bästlein/Franz Jacob)

werkschaft; im 1. Weltkrieg unterstützte Winnig den extrem nationalistischen Flügel der Mehrheitssozialdemokratie; kurz nach der (von ihm abgelehnten) Novemberrevolution wurde er Generalbevollmächtigter des Deutschen Reiches im Baltikum; Ende Januar 1919 Reichskommissar für den Osten und im Juni 1919 Oberpräsident von Ostpreußen; Winnig hatte sich der SPD bereits weitgehend entfremdet, obwohl er sich noch für seine Partei in die Weimarer Nationalversammlung wählen ließ; in seinen staatlichen Funktionen arbeitete er vorzugsweise mit deutschnationalen Politikern und rechtsradikalen Freikorpsführern zusammen; nachdem er im März 1920 seine Unterstützung für den *Kapp*-Putsch erklärt hatte, verlor er sein Amt und wurde aus der SPD ausgeschlossen; nach kurzer Aktivität für die »Alte Sozialdemokratische Partei« um Ernst Niekisch (1927/28) und für die Volkskonservativen (*Treviranus*, 1930) unterstützte er seit Herbst 1931 die Politik der NSDAP, allerdings ohne Mitglied zu werden; 1933 begrüßte er die Nationalsozialisten enthusiastisch, weil er sich von ihnen die Heilung des Staates vom Marxismus versprach; in den Zwanzigern war Winnig zu einem erfolgreichen Schriftsteller geworden mit den für antidemokratische Konservative zeitüblichen kulturkritischen Themen; die Überwindung des »jüdisch inspirierten proletarischen Klassenkampfes« durch »ein ständisch aufgebautes Arbeitertum« stand dabei im Mittelpunkt seiner Überlegungen, die er des öfteren in Leitartikeln in der »Berliner Börsenzeitung« oder in Vorträgen vor Arbeitgeberverbänden anstellte; Winnigs Bücher aus den letzten Jahren der Weimarer Zeit und dem Dritten Reich gewähren einen aufschlußreichen Einblick in die Geschichte der SPD von 1878 bis 1933, zeigen aber auch seine persönlichen Wege und Irrwege; als überzeugter evangelischer Christ konnte er sich nicht völlig mit dem Dritten Reich und dessen neuheidnischen Tendenzen identifizieren; er kritisierte innenpolitisch die nationalsozialistische Überwachung und Reglementierung der Privatsphäre und forderte außenpolitisch eine europäisch-atlantische Allianz gegen den Bolschewismus; er zog sich aus der Politik in die innere Emigration zurück, doch im ersten Nachkriegsjahrzehnt hatte er mit seinen nunmehr christlich-konservativen Thesen wieder publizistischen Erfolg; *59*

Winter; Oberst i.G.; *109*

Wittelsbacher

Rupprecht Erbprinz von Bayern, 1869–1955; Kronprinz von Bayern; 1916 Generalfeldmarschall, Oberbefehlshaber der Heeresgruppe »Kronprinz Rupprecht«; zu Beginn des 2. Weltkrieges nach Italien; nach dem 20. Juli 1944 Frau und Kinder in Sippenhaft; *54*

Erwin von Witzleben, 1881 – 8. August 1944, ermordet; Berufsoffizier; 1. Weltkrieg an der Front und im Generalstab; Reichswehr; 1934 Kommandierender General 3. Armeekorps in Berlin; als Stadtkommandant von Berlin sollte Witzleben beim geplanten Putsch während der Sudetenkrise in einer Blitzaktion mit der Wehrmacht die SS ausschalten; 1938 Gruppenkommando II in Frankfurt/Main, 1939 Oberbefehlshaber der 1. Armee; 1940 Heeresgruppe D, Generalfeldmarschall; als Oberbefehlshaber der Heeresgruppe D in Frankreich wollte er *Hitler* bei der Frühjahrsparade 1941 in Paris gefangennehmen lassen; die Vorbereitungen zur Festnahme *Hitlers* waren bereits getroffen, als der seinen Besuch überraschend absagte; im Mai 1941 Oberbefehlshaber West, Kontakt zur Widerstandsgruppe um *Beck* durch Witzlebens derzeitigen Adjutant *Schwerin von Schwanenfeld;* im März 1942 aus gesundheitlichen Gründen ausgeschieden, stellte er sich weiterhin der Widerstandsbewegung zur Verfügung; nach der Katastrophe von Stalingrad erklärte er sich bereit, bei einem Putsch den Oberbefehl über die Wehrmacht zu übernehmen; der einzige Generalfeldmarschall, der vorbehaltlos und eindeutig zum Staatsstreich stand; Witzleben war einer der schon früh entschiedenen und der erbittertsten Widerstandskämpfer im Militär; am Abend des 20. Juli 1944 konnte er noch den Bendlerblock verlassen , am 21. Juli von der Gestapo verhaftet, gefoltert, am 8. und 9. August vor dem Volksgerichtshof, dem geifernden Spott Freislers ausgesetzt, dem er mutig erwiderte, zum Tode verurteilt und in Plötzensee ermordet; *72, 125, 144, 154, 171, 175, 193, FN 111a (Kap. 6)*

Prof. Emil Woermann, 1899–1980; Agrarwissenschaftler; *79*

Wottke; Landrat in Seelow; *191*

Reinhold Wulle, 1882–1950; nach dem Studium in Halle, Jena und Berlin arbeitete Wulle von 1908–1918 an verschiedenen Zeitungen; einen Monat vor der Novemberrevolution übernahm er für zwei Jahre die Chefredaktion der Deutschen Zeitung Berlin, dem Blatt des ultrachauvinistischen Alldeutschen Verbandes; als Reichstagsabgeordneter (1920–1924) gehörte er zu den führenden Vertretern der violent-antisemitischen Richtung und kritisierte heftig den seiner Meinung nach kompromißlerischen und opportunistischen Kurs der Parteimehrheit und ihrer Führung gegenüber der Weimarer Republik; in der 1922 von der DNVP abgespaltenen DVFP (Deutsch-Völkische Freiheits-Partei), zusammengehalten eigentlich nur durch wütenden Antisemitismus und Haß auf die Weimarer Republik, engagierte sich Wulle für eine »völkische Diktatur« mit berufsständischem Parlament; 1923 war Wulle an verschiedenen Putsch-Planungen beteiligt; nach anfänglich enger Zusammenarbeit und Wahlgemeinschaft zwischen NSDAP und DVFP ergaben sich in den folgenden Jahren erhebliche Differenzen; Wulle kritisierte scharf den Legalismus und die Vatikanhörigkeit der *Hitler*partei; er war 1928 zum Vorsitzenden der DVFP gewählt worden, doch die war längst zu einer bedeutungslosen Sekte geschrumpft; DVFP-Mitglied des Preußischen Landtags 1924–1928 (Nationalsozialistische Freiheitsbewegung); mit der prinzipiellen Forderung nach einer »völkischen Monarchie« begründete er den Boykott der Reichspräsidentenwahlen von 1932; im Dritten Reich sammelte Wulle einen monarchistisch gesinnten Kreis um sich, die Gesellschaft Deutsche Freiheit, und betätigte sich schriftstellerisch; 1938 wurde er wegen seiner politischen Aktivitäten verhaftet und war nach Gefängnissen von 1940 bis 1942 im Konzentrationslager Sachsenhausen; gegen den Ausschluß aus der Reichsschrifttumskammer hatte er Widerspruch eingelegt; in dem ablehnenden Entwurf der Kammer an das Goebbels-Ministerium heißt es u. a., auch durch den glänzendsten Rechtfertigungsversuch werde Wulle nicht widerlegen können, daß seine Schriften eine tendenziöse Kritik des Nationalsozialismus darstellten und den Grundanschauungen des heutigen Staates widersprächen; darüber hinaus würde ihm zur Last gelegt: Neubildung von Parteien, heimtückische Angriffe auf Staat und Partei, etc.; unmittelbar nach dem 2. Welt-

krieg gründete Wulle in Westfalen eine Deutsche Aufbaupartei, die von den Besatzungsbehörden im März 1946 verboten wurde; *194, 198*
Wurmb; brandenburgisches Geschlecht; *65*

(Johann David) Ludwig (seit 1814) **Graf York von Wartenburg,** 1759–1830; General; 1811 Generalgouverneur von Ost- und Westpreußen und Litauen; führte 1812 das preußische Hilfskorps im russischen Feldzug Napoleons; schloß am 30. Dezember 1812 ohne Ermächtigung des Königs die Konvention von Tauroggen und rief zur Erhebung gegen Napoleon auf, gab damit das Signal zu den Befreiungskriegen; seit 1821 Feldmarschall; *19*
Peter Graf York von Wartenburg, 1904 – 8. August 1944, ermordet; Studium der Rechts- und Staatswissenschaften in Bonn und Breslau; verweigerte trotz erheblicher beruflicher Nachteile den Beitritt zur NSDAP; 1939 als Reserveoffizier einberufen; Polenfeldzug; 1942 zum Wirtschaftsstab Ost beim OKW; dort wurden seine Kontakte zur Militär-Opposition enger; gleichzeitig Mitbegründer und führendes Mitglied der im Kreisauer Kreis (James Graf von Moltke) vereinigten Widerstandsgruppen; stellte seine Wohnung in Berlin-Lichterfelde regelmäßig für Treffen zur Verfügung; früher als sein Freund Moltke befürwortete York einen aktiven Umsturzversuch; in der neuen Regierung sollte er das Amt eines Staatssekretärs übernehmen; am 20. Juli in der Bendlerstraße; nach dem Scheitern des Attentats wurde York verhaftet und am 8. August vom Volksgerichtshof zum Tode verurteilt, am selben Tage in Plötzensee ermordet; Freisler hatte ihm vorgehalten, in der Judenfrage habe ihm die Judenausrottung nicht gepaßt, ebenso wie die nationalsozialistische Auffassung vom Recht, und York hatte darauf erwidert: »Das Wesentlichste ist, was alle diese Fragen verbindet, der Totalitätsanspruch des Staates gegenüber dem Staatsbürger unter Ausschaltung seiner religiösen und sittlichen Verpflichtungen Gott gegenüber!« *116, 135, 171, FN 1 (Kap. 6)*
Owen D. Young, 1874–1962; Rechtsanwalt, Wirtschaftsberater; Präsident des Verwaltungsrats der General Electric; eine der einflußreichsten Persönlickeiten der amerikanischen Wirtschaft; im Vorstand der Radio Corporation und der Rockefeller Foundation; als Mitglied des Dawes-Komitees und Präsident der Internationalen Sachverständigenkommission zur Regelung der Reparationsfrage arbeitete er den Young-Plan aus; *54–55*
Berengar von Zastrow; Großgrundbesitzer; *Reusch*-Kreis; *78, 197*
Eberhard Zeller; »Geist der Freiheit«, München 1952/1965; *133, FN 15a, 47 (Kap. 6)*

Hans Joachim von Ziethen, 1699–1786; 1741 Oberst und Chef der Leibhusaren; 1744 Generalmajor; gewann legendären Ruf durch seine auf Überraschung und Schnelligkeit gegründeten Erfolge, vor allem im Siebenjährigen Krieg; *13*
Friedrich Carl von Zitzewitz-Kottow; Großgrundbesitzer; *Reusch*-Kreis; *78*
Friedrich Carl von Zitzewitz-Muttrin; Großgrundbesitzer; stellte sich anfänglich nach Mai 1945 dem Aufbau zur Verfügung; *78, 83, 182, 184*
Zobeltitz; brandenburgisches Geschlecht; *65*
Zubke; NS-Bürgermeister von Neuhardenberg; *155, FN 14 (Kap. 7)*

Quellen- und Literaturverzeichnis

Meyer Konversations-Lexikon, 5. Auflage, 1895
Meyer Konversations-Lexikon, 8. Auflage, 1942
Der große Brockhaus, 16. Auflage, 1957

Herzfeld, Lexikon der Geschichte in Gestalten; Nachdruck 1989

Meyer, Taschenlexikon Geschichte, Mannheim 1989

Pätzold u. a., Lexikon Biographien zur deutschen Geschichte von den Anfängen bis 1945
Berlin 1991

Wilpert, Lexikon der Weltliteratur, 2. Auflage 1975

Harenberg, Lexikon der Weltliteratur, 2. Auflage, 1989

Benz/Graml, Biographisches Lexikon zur Weimarer Republik, München 1988

MdR – Reichstagsabgeordnete der Weimarer Republik in der Zeit des Nationalsozialismus, 2. Auflage, Düsseldorf 1992

Robert Wistrich, »Wer war wer im Dritten Reich«, ein biographisches Lexikon, Frankfurt/Main 1987/88

Das Deutsche Führerlexikon 1934/1935, Berlin 1934

Wolf Keilig, Die Generale des Heeres, Podzun-PALLAS-Verlag

»Das Parlament«, Sonderausgabe 1952/54

Informationsmaterial der Gedenkstätte Deutscher Widerstand Berlin

An Monographien wurden benutzt:

Johannes Paul, »Ernst Moritz Arndt«, Göttingen 1971

Jochen von Lang, »Der Sekretär. Martin Bormann«, Frankfurt/Main 1960 Bindrich/Römer, »Beppo Römer. Ein Leben zwischen Revolution und Nation«, Berlin 1991

Walter Grab, »Saul Ascher. Ein jüdisch-deutscher Spätaufklärer zwischen Revolution und Restauration«, Tel Aviv 1977

Heinz Härtl, ungedruckte Dissertation, Halle 1971, »Arnim und Goethe. Zum Goethe-Verhältnis der Romantik im ersten Jahrzehnt des 19. Jahrhunderts«

CARL-HANS GRAF VON HARDENBERG 1891–1958

Ein preußischer Konservativer in Deutschland

Nach einem Kapitel über den Ort Neuhardenberg, früher Quilitz, zu DDR-Zeiten Marxwalde, und den Staatskanzler Fürst von Hardenberg sowie dessen Nachfolger auf Neuhardenberg folgt biographisches Material über den letzten Standesherrn Carl-Hans Graf von Hardenberg und seine beispielhafte Entwicklung.

Geboren wurde er am 22. 10. 1891 in Glogau. Sein Vater, Wilhelm Graf von Hardenberg, war Major im Ulanenregiment Kaiser Alexander II. Seine Mutter stammte vom Novalis-Zweig der Hardenbergs ab.1912 trat er in das Potsdamer 1. Garderegiment zu Fuß ein, 1914 wurde er Offizier, Chef der Leibkompanie. An der Westfront schwer verwundet, folgten jahrelange Operationen und lebenslange Behinderung. Nach seiner Entlassung aus dem Lazarett erlernte er bei seinem Schwiegervater die Landwirtschaft und führte dessen Güter. 1921 erbte er die Standesherrschaft Neuhardenberg. Mit finanzieller Unterstützung eines Freundes gelang es ihm, einen Konkurs zu vermeiden.

Von Anfang an engagierte sich Hardenberg im Landbund, aber nicht bei dessen Plänen zum Sozialabbau der Landarbeiter. Die soziale Not seiner Pächter versuchte er im Rahmen seiner Mittel zu erleichtern.

Konservativen Kreisen blieb er bis zu seinem Tode verbunden. Im Gegensatz zu vielen Offizierskameraden und befreundeten Gutsbesitzern lehnte er aber reaktionäre Auffassungen ab und trat 1933 von allen Ehrenämtern zurück, um sich nicht mit den Nationalsozialisten einlassen zu müssen.

1939 wieder Offizier, wurde er Adjutant bei Generalfeldmarschall von Bock. 1942 verlor dieser auf Anordnung Hitlers seinen Posten. Damit schied auch Hardenberg aus dem Fronteinsatz aus.

Zurückgekehrt nach Neuhardenberg, wurde das Schloß zum Treffpunkt für die Kreise des 20. Juli. Vorgesehen als Oberpräsident für Berlin und die Mark Brandenburg, versuchte Hardenberg bei seiner Verhaftung Selbstmord zu begehen. Eingeliefert in das KZ Sachsenhausen, erlebte er dort die Befreiung. Kurz darauf verlor er erneut Neuhardenberg, das 1944 auf Anweisung Himmlers das erste Mal enteignet worden war. Seine Bemühungen um die Gründung einer neuen konservativen Partei scheiterten. Zurückgekehrt in das Stammhaus Nörten-Hardenberg, übernahm er die Güterverwaltung der Hohenzollern sowie den Aufbau und die Leitung der Stiftung Hilfswerk 20. Juli 1944 zusammen mit seiner Frau.

Am 24. Oktober 1958 starb er erblindet an seinem letzten Wohnort Kronberg/Taunus. Neuhardenberg wird erst jetzt, nach der deutschen Wiedervereinigung, an die Familie zurückgehen.

EDITION HENTRICH

ISBN 3-89468-030-X